교통지도指導 이야기

반성과 도전!

교통지도指導 이야기

초판 인쇄 2019년 11월 29일
초판 발행 2019년 12월 05일

저 자 · 김정선

펴낸이 · 박찬익
펴낸곳 · (주)박이정

주소 · 서울시 동대문구 천호대로 16가길 4
전화 · 02)922-1192~3 **팩스** · 02)928-4683
홈페이지 · www.pjbook.com
이메일 · pijbook@naver.com
등록 · 2014년 8월 22일 제305-2014-000028호

ISBN 979-11-5848-535-1 (03330)

교통지도指導 이야기

반성과 도전!

김 정 선 지음

들어가면서

　　교통지도과장 4년간('15.1.~'18.12.)의 기록인 『교통지도指導 이야기:반성과 도전』을 정식 간행물로 출판하는 것에 대해 많은 고민을 하였다. 부제에서 보듯이 "나"의 관점에서 작성한 4년간의 "기억"들이어서 두려움이 앞섰다. 그러나 오랜 시간을 나와 함께 그 기억을 만들었던 많은 분들에게 공식적으로 헌정하고 싶은 마음이 더욱 커졌다. 마치 전장터와 같은 교통지도指導 현장에서 시민의 안전을 위해 최선을 다하고 있는 천여명의 교통지도 업무 종사자들의 업무 혁신 이야기를 많은 분들에게 들려주고 싶었다. 나는 책을 많이 읽지는 않지만 책을 읽는다는 것은 자기를 어떻게 표현할 것인지를 고민하는 과정의 일부라고 하지 않는가? 상당한 용기가 필요했다.

여기에 기록한 내용들은 교통지도과를 떠나면서 마무리했던 기록들로 작성시점과 출판시점과는 꽤나 긴 시간 차이가 있음을 미리 밝혀둔다.

2015년 1월에 서울시 교통지도과장으로 발령장을 받은 지 벌써 4년이 지났다. 교통지도과장을 지냈던 사람들은 대개는 그 자리에서 길어도 1년, 짧게는 6개월 정도를 지내고 다른 부서로 이동한다. 그런데 나는 이런 자리를 4년이라는 긴 세월 동안 지켜왔다. 그런 의미에서 나는 이 자리가 내게 어떤 의미였는지 이야기해보고 싶은데, 그 전에 먼저 이 자리에 대한 그 동안의 시선이 어땠었는지 짧게 들려주고자 한다.

"젊고 유능한 서기관을 교통지도과장으로 발령하는 것은 말도 안 된다."

이 말은 중앙부처에서 여기 서울시로 파견근무명령을 받아오게 된 모 서기관을, 교통지도과장으로 배치한다는 인사안을 냈던 인사부서 모팀장이 어느 상급자로부터 들었던 얘기라고 한다. 그런데, 나는 '그런 자리'에서 4년간 근무를 했다. 내가 정녕 무능했던가?

부족했을지는 모르지만, 나는 지난 4년간의 시간을 교통지도과 천여 명의 직원들과 "공정하고 정의로운 단속"을 실현하기 위해 도로에서 밤낮으로 고군분투하면서 보냈다.

한 해 예산 약 140억 원! 단속인력 천여 명! 이 엄청난 숫자들이 교통지도과장이라는 자리를 지키는 내내 나의 어깨를 짓누르기도 했지만, 한편으로는 나로 하여금 계속해서 단속업무에 대한 혁신을 주도하게끔 나를 각성시키기도 하였다.

천여 명을 통솔하는 관리자로서 "밥값은 해야겠다. 결코 실패하지 않겠다."는 생각으로 지금까지 달려왔던 것이다.

교통지도과는 외로운 부서다. 부서 특성상 주된 업무가 규제하는 업무이기에 내·외부로부터 긍정적인 평가를 받기란 매우 어렵다.

어느 누구도 그들의 고충을 귀 기울여 들으려 하지 않았다. 그들이 행하는 교통지도 행위가 갖는 의미에 대해 저평가하여 폄훼하는 발언을 너무나 쉽게 쏟아내고 있다.

그리고 개정 공무원연금법 시행('18.10.)으로 공무원연금 수급권을 박탈당한 전직 공무원 출신의 다수의 단속공무원들이 정들었던 조직을 반 강제적으로 떠나게 되면서 업무공백기간의 장기화가 예견됨에 따라 그간 서울시가 추진해오던 주차단속 권한(범위)을 스스로 축소하여 운영할 수밖에 없게 됨에 따라 담당 부서장으로서 애로사항이 많았었다.

예전에는 주당 20시간 근무하는 단속공무원들은 평일조와 주말조가 구분되어 있었고 1일 8시간 근무(격일)하면서 공휴일에는 일반 공무원들처럼 근무를 하지 않았었다. 그러나 지금은 평일과 주말(공휴일)을 함께 연동하여 근무하면서 근무시간도 1일 6시간 근무토록 하였고 중간에 공휴일이 있어도 근무하게 함으로써 주당 근무일수가 이전보다 1일에서 2일정도 늘어나게 되었다. 그런 상황에서도 연말이면 극성을 부리는 택시 승차거부 등 불법운행을 제어하기 위해 12월 한 달 동안 심야 특별단속활동을 벌여야 해 고민이 많았다. 담당부서장이면 단속공무원들과 직원들에게 없는 덕이라도 만들어서 베풀어야 함에도 불구하고 되레 불편함을 더 많이 선사하게 되었으니 단속공무원들에게 얼마나 미안한 일이었겠는가! 참으로 미안했다. 그래서 교통지도과와 지역대 사무실에서 근무하는 직원들도 혹한의 심야에 단속공무원들과 함께 하도록 조치하였다. 관리감독자로서가 아니라 단속공무원들과 함께 추운 거리에서 근무하게 함으로서 사기진작을 꾀하고자 하였던 것이다.

다행히 단속공무원분들께서 끝까지 소명의식을 가지고 맡은 바 직무를 성실히 해주셔서 뭐라 감사드려할 줄 모르겠다. 사무실 직원들도 자기 일처럼 근무해줘서 감사할 따름이다. 무엇보다 예년에 비해 늘어난 예산 덕분에 단속공무원들에게 따뜻한 음료와 빵을 드릴 수 있어 얼마나 다행인지 모르겠다. 물심양면으로 지원을 다해준 한경희 주무관과 임장호 전문관을 비롯한 운수지도 1, 2팀 모든 분들의 노고에 감사드릴 뿐이다.

과장으로서 4년 동안 온갖 일을 다 겪었지만 2018년 한 해는 그 중 가장 힘든 시간이었다. 과장으로서 온갖 수모를 겪고 있는 상황에서 그동안 부르짖었던 조직경쟁력 제고를 위해 심혈을 기울였던 일반임기제 공무원 충원은 어렵게 되었다. 그리고 교통본부에서 보는 교통지도과는 이전에 가졌던 시각 즉 "사고만 안치면 되는 부서" 수준에서 계속 머무르고 있는 것과 같은 느낌을 들게 하는 인사 · 평가업무에서의 관행 등이 여전하였기 때문이었다.

서울시의 제살깎기와 같은 주차단속권한의 축소로 부서장으로서 너무 힘들었지만 그래도 단속공무원들과의 약속은 지킬 수 있어 다행이었다. 과장 스스로 그 단속권한을 자치구로 이관하는 일은 없을 것이라고 하면서 흔들리는 그들을 다독거렸었는데 결과적으로 개정공무원연금법 시행과 같은 외생변수에 의해 그들이 떠나버린 상황에서 어쩔 수 없이 발생한 사안이었으니까!

거기에다 2017년도에 야심차게 준비했던 "불법주차관리 플랫폼 구축사업"을 다른 부서에 넘겨야 했던 가슴 아픈 일도 있었다. 현재 주차단속시스템은 시와 자치구간에 단절되어 있어서 의미 있는 단속데이터 생성이 어려워 빅데이터에 기반한 과학적 단속정책을 마련하는 것이 어렵다. 이를 개선하기 위해

시·구간에 단절되어 운영되고 있는 여러 단속시스템들을 연계하는 것을 핵심으로 하는 불법주차관리통합플랫폼 구축사업을 주도적으로 추진키로 하고 먼저 정보화전략계획(ISP)을 수립하기 위한 비용을 교통지도과 예산으로 편성하였다. 그러나 본의 아니게 여러 이유로 이 사업을 다른 부서에서 추진하는 것으로 조정되었다. 무척 아쉬웠으나 욕심만으로 백년지대계를 망칠 수도 있다는 생각에 스스로 안타까운 마음을 다스릴 수밖에 없었다.

그렇다고 자랑스러웠던 일이 없었던 것은 아니었다. 교통지도과에서 처음으로 명의이용 택시(일명 도급택시)를 시스템적으로 규제하고 관리하기 위한 『교통사법경찰반』을 2018년 1월에 창설하기도 했고, 반장 및 반원들의 헌신적이고 끈질긴 노력으로 도급택시를 운영하고 있는 것으로 의심되는 몇 몇 택시회사들에 대해 법원으로부터 압수수색영장을 발부받아 관련자료 압수와 피의자 심문 등을 통해 결정적 위반 자료를 확보하여 검찰에 기소 의견으로 송치하기도 하였다. 2018년 안에 법원에 처분을 요청할 수 있을 것으로 보고 있다.

2018년 하반기 6급 근무평정회의에서 교통지도과가 그동안 수년간 이어졌던 무관의 설움을 벗어 던져버린 쾌거는 천여 명 직원들의 명예를 회복하는 계기가 되었다. 너무나 의미 있는 변화였다. 앞으로도 지속되어야 할 것이다.

많은 분들께서 단속공무원 업무다변화, 순환근무제와 같은 근무체계 조정과 단속체계 고도화 등 업무개선 과정에 무척이나 힘들어했지만 잘 인내해주고 이해하여 주신 덕분에 내가 교통지도과장으로서 4년을 버텨낼 수 있었다고 생각한다.

'공정한 규제'의 가치를 교통지도 현장에서 구현하기 위해 함께 수고하여 주신 천여 명의 단속공무원과 직원 분들에게 깊이 감사드린다.

4년간 정들었던 조직을 떠나는 것이기에 아쉬운 마음도 있지만 그동안 함께할 수 있어 영광이었다고 생각한다.

함께 했던 모든 분들의 건강과 건승을 기원한다.

그리고 마지막으로, 나와 함께 힘든 시간을 잘 견뎌준 나의 반려이자 정신적 지주인 김현정, 두 아들 범준과 시준에게도 무한한 감사의 마음을 전한다. 내가 여기까지 올 수 있었던 것은 역시 사랑하는 가족과 함께 하였기 때문이라고 생각한다.

나를 포함하여 천여명의 교통지도과 직원들이 지난 4년간 묵묵히 수행한 교통지도의 의미를 다시한번 생각해본다.

"뜨거운 여름철에 시원한 그늘을 만들어 주는 큰 나무와 같은 존재! 그 아래에서 작열하는 태양을 피하는 사람들"…….

차 례

2부 도전 그리고 변화

3부 좌절, 그래도 의연하게!

1부

우리는 왜 존재하나?

1

왜 이런 교육을 받아야 하나요?

도로교통법령 규정에 따르면 주차단속공무원들은 1년에 두 번씩 정기적으로 직무교육을 받아야 하는 것으로 되어 있다. 2015년 하반기에 처음으로 전체 단속공무원을 대상으로 직무교육을 실시하게 되었다. 그 이전에는 단속공무원들이 소속된 지역대별로 대장 지휘하에 수시로 교육이 이루어지고 있었던 건 사실이지만 그때만 해도 주차단속공무원들은 시간당 하루에 10건 이상만 단속하면 되던 시절이었다.

그때까지만 해도 "업무다변화" "단속전략" 등 꼭 필요한 단속에 대한 마인드가 단속공무원들에게 없었던 때라 지역대에서 하는 교육이란 것이 형식적인 것에 지나지 않았었다.

첫 번째 집합교육을 2015년 6월쯤 충정로에 위치한 상수도 사업본부 건물내 대강당에서 하게되었다. 당시만 해도 단속공무원이 380명 정도 되다보니 이틀에 걸쳐 하루에 180명씩 교육을 하게 되었는데 첫 날 교육시작 전에 뒤쪽에 앉아있던 몇 몇 단속공무원들이 웅성거리면서 "이런 강제 교육을 왜 하느냐?", "너무 주입식 교육이다."라고 하면서 교육 분위기를 해치기도 하였던 기억이 생생하다.

그래도 처음 하는 교육이라 준비는 다소 부족했지만 교육자나 피교육자 모두에게 나름 의미 있는 시간들이었다. 아마 교통지도과 신설 이래 처음으로 집합교육을 한 것으로 알고 있다. 직무교육 종료 후에는 간단하지만 저녁 한 끼를 대접할 수 있어서 그나마 다행이었는데 준비된 예산이 없어서 소속 국장님께 도움을 요청하고 예산과장에게도 손을 벌려 소중한 한 끼 식사 비용을 마련할 수 있었다. 감사할 따름이다.

직무교육과 더불어 각 지역대('15년도만 해도 6개 지역대가 있었다)를 순회하면서 업무다변화의 필요성과 시민이 꼭 필요로 하는 단속을 하여 줄 것을 설득하고 부탁하는 개별교육도 병행하면서 단속공무원들의 단속행태를 변화시키려고 부단히 노력했다. 부탁도 참 많이 드렸었다. 단속공무원들이 역지사지의 심정으로 규제를 받는 시민의 입장에서, 때론 아이를 가진 부모의 입장에서, 또는 어린 손자의 안전을 생각하는 할아버지의 입장에서 어떻게 단속을 해야 시민들로부터 박수 받고 환영받을 수 있는지에 대해 고민하자는 부탁도 드렸었다.

위반정도에 상응하는 단속수준(강도) 결정이라든지, "강하게 단속할 때에는 강하게! 약하게 단속 할 때에는 약하게"와 같은 단속전략도 공유하자고 부탁 드렸었다. 그러면서도 말만으로는 단속공무원들의 단속행태를 제대로 이끌어내지 못할 것이라는 생각이 들기 시작했다.

단속공무원들의 단속행태를 개선하기 위해 제도적으로 근무실적 평가시스템을 개선해야만 했다. 기존의 평가지표를 새롭게 재구성하여야 만이 잘못된 관행을 제대로 개선시킬 수 있다는 생각이 간절하게 들었으며 어떻게 구체화할 것인지에 대해 많은 생각을 하게 되었다. 쉽게 말해 업무다변화 등 현장에서 어려운 단속을 많이 할수록 우수한 평가를 받을 수 있게끔 평가체계를 대대적으로 바꿔야 했고 그렇게 하였다.

일부에서는 평가는 단순화해야 한다고 하면서 평가체계가 너무 복잡해서 단속공무원들도 이해하기 어렵다고들 하면서 평가로 인한 부작용을 우려하는 목소리가 많았다. 이치적으로 는 맞는 말이다! "하루 10건 이상 단속, 1시간당 평균 1건 씩 단속" 이 지표는 과거의 주차단속공무원의 근무실적 평가 지표였다. 위와 같은 평가지표는 단순 명료해서 좋은 것 같기는 하다. 그런데 어디가 좀 허전하다.

복잡다기한 도로현장에서의 교통질서위반행위를 제대로 규제하는지를 평가할 수 있을까? 평가는 단순할수록 좋다! 맞는 말이다. 그 말은 단순한 업무이거나 평가지표가 업무를 대표할 수 있게끔 포괄적으로 단속공무원의 단속실적을 아우를 수 있는 경우에나 가능할 것으로 보인다. 어찌됐든 단속공무원들의 근무행태를 개선하기 위해 다양한 노력을 시도했으며 지금은 많은 분들께서 호응을 해주고 있는 상황이다.

특히 상습적이고 고질적인 불법주정차를 적극적으로 제어할 필요가 있다. 예를 들면 보도나 소화전과 같이 보행자 안전이나 화재 발생초기 골든타임 확보를 위해 적극적인 단속이 필요한데 이런 경우에 "운전자가 현장에 있어도 단속" 요령을 활용하면 가능하다. 그 이전에는 운전자가 나타나면 관행적으로 단속유예 해버리곤 했는데 그러다보니 단속도 안 되고 단속공무원의 권위도 땅에 떨어져버려서 주차질서는 엉망이 되어버린 것이다.

그러나 지금은 업무다변화와 같은 단속전략 도입으로 인해 단속이 꼭 필요한 때와 장소에서 단속을 제대로 할 수 있어서 교통질서도 조금씩 나아지고 있으며 단속공무원들의 자긍심 역시 높아진 것은 사실이다. 반드시 단속해야 할 대상에 대해서는 운전자가 현장에 있다는 단순한 이유로 계도 또는 단속유예하고 그렇지 않은 대상에 대해서는 과태료부과 단속 또는 견인조치까지 하였던 불합리한 규제관행을 개선함으로써 그 동안 현장에서 단속공무원들이 겪었어야 했던 "정신상의 스트레스"와 같은 애로사항을 어느 정도 해소시키는데 기여하였다고 판단한다.

매번 직무교육을 할 때마다 남다른 감회가 들곤 하였는데, 그것은 첫 번째, 두 번째 직무교육을 할 때 단속공무원들로부터 터져 나왔던 불만들을 생각하면서 참으로 난감해 하였던 기억들……. 그 외에도 집합교육이 끝나면 부족한 대로 체육활동지원비 일부와 예산부서에 지원을 요청해서 마련한 돈으로 조촐하게나마 따뜻한 식사 한 끼라도 드릴 수 있어 너무 좋았던 기억들……. 이 자리를 빌려 도움을 주신 당시 예산담당관이셨던 한영희 국장님께 깊이 감사드린다.

　직무교육과정 중에 우리 부서에 근무 중인 주무관 중에서 뛰어난 강의기법을 가진 뛰어난 직원들이 눈에 띄게 되었다. 김근희 주무관, 임장호 전문관인데 모두 진흙 속의 진주와도 같은 분들이었다. 단속공무원들의 시선을 빨아들일 듯한 열정적인 강의로 교통지도과 직원들에 대한 인식을 바꾸는데 기여하였다고 자평한다.

※단속공무원 교육시 활용했던 고갱의 그림 : 단속행위의 의미를 어떻게 이해하여야 할 것인지?에 대해 언급하면서 허무주의에 빠지지 말자는 의미로 해석·소개하였음

2

불법주차단속은 천덕꾸러기?

주차단속은 교통수요관리정책의 중점업무로써 불요불급한 차량의 도심으로 진입을 억제하여 도심의 혼잡비용을 줄이고 교통사고를 예방하여 시민이 안전한 도시! 경쟁력있는 도시를 만드는데 그 의의가 있다 하겠다.

서울에서만 매년 360명이 넘는 사람들이 교통사고로 사망하는데, 그 중 2016년 한 해에만 23명이 불법주차가 하나의 원인이 되어 사망하였고, 보행자교통사고의 70% 이상이 도로 폭 13m이하의 소규모도로에서 발생한 것으로 조사되었다. 또한 삼성교통안전문화연구소가 2016년에 발표한 자료에 따르면 서울에서만 불법주차로 연간 4조 8970억 원의 사회경제적 손실비용이 발생하는 것으로 밝혔는데 이는 적정한 주차단속으로 혼잡비용을 절감하여 서울의 도시경쟁력을 높일 수 있다는 의미일 것이다.

주차단속은 이제 시민들의 안전을 확보하는데 있어 꼭 필요한 정책수단인 것이다. 이면도로에서는 보도, 횡단보도 등에서 불법주차된 차량으로 인해 발생하는 교통사고 등이 빈발한데 특히 주로 어린이들이나 노약자들이 피해를 당하고 있는 실정이다.

또한 지난 2017년 제천 화재 참사 등에서도 좁은 도로에서 무분별한 불법주차로 인해 소방차가 화재발생 장소까지 진입하는데 많은 시간을 허비하여 소방 활동의 골든 타임을 놓쳐버림으로써 너무나 안타까운 일들이 발생하게 되었다.

앞서 언급 했듯이 서울과 같은 대도시의 불법주차로 인한 사회적 손실은 연간 5조원이나 된다고 한다. 또한 주차단속은 요즘과 같이 미세먼지로 어려움을 겪는 시기에는 확실한 미세먼지 저감 대책이 될 수도 있다. 서울형 미세먼지 대책으로 차량 2부제 운행까지 검토하고 있는 현실을 보면 알 수 있을 것이다. 이는 교통수요관리정책의 대표적인 수단이면서 '걷기 좋은 도시 서울 만들기!'의 핵심과제이기도 하다.

그런데 이러한 통계자료와 의미에도 불구하고 어느 누구하나 주차단속의 의미를 이렇게까지 무겁게 생각하지는 않는 듯하다.

서울의 주차공간이 절대적으로 부족하다는 이유로 불법주차는 어쩔 수 없는 사회현상이며 그것을 규제하는 단속행위는 서민경제 활성화에 역행하는 정책으로 인식하는 지경까지 이르게 되었다. 거기에다 민생경제 활성화라는 당면 과제를 해결하기 위해 주차단속을 완화하는 방향으로 여론이 형성되어 강력한 주차단속을 추진하기가 매우 어렵게 되었다.

내가 교통지도과장으로 부임하고 현장에서 느꼈던 불합리한 단속 중 대표적인 사례를 소개하고자 한다.

하루는 집사람이 평일 이른 아침에 주차단속이 되었다고 엄청나게 불쾌해하면서 나에게 불편한 마음을 털어놓았던 적이 있었는데 사정은 이러했다.

이른 아침에 서소문로에 위치한 유명 커피전문점에서 테이크 아웃 커피를 사기위해 잠시 주차하려고 주변을 살펴보니 대형 관광버스 한 대가 주차하고 있었다. 그래서 마음 속으로 잘 되었다고 생각하면서 관광버스 앞쪽에 주차하고 커피를 사서 나왔더니 글쎄 집사람의 승용차 전면부 유리창에 주차단속 스티커가 부착되어 있었다는 것이었다.

집사람이 당황해 하면서 휴대전화로 스티커에 표기된 단속기관(서울시 00지역대)에 전화를 해서 항의를 하였다고 한다.

"차량소통에 지장이 없는 이른 아침에 잠깐 주차하는 것을 왜 단속하였느냐", "관광버스는 단속을 하지 않고서는 왜 그 앞에 주차한 승용차만 단속하였느냐"고 토로하자 담당공무원이 하는 말이 "관광버스는 운전자가 탑승해 있어서 단속 못합니다."라고 하였다고 한다. 똑같은 불법주차를 했으면서도 관광버스 운전자는 단속에 걸리지 않은 것이었다.

나는 그 당시에는 "당신이 잘못한 것은 사실이네."하면서 핀잔을 주기는 했지만 뒷맛이 개운하지 않았다. 낮은 수준의 현행 주차단속체계를 어떻게 고도화하거나 개선시켜야 할 것인지 정말 많이 고민스러웠다.

일반 승용차와 비교할 때 관광버스가 불법주차함으로써 도로를 점용하는 면적은 2~3배가 더 많고, 여름철과 겨울철에는 냉난방기를 틀어야 하기 때문에 보통은 시동을 컨 상태인 관계로 배기가스 배출량도 더 많고, 높은 차체 높이로 인해 뒤따르는 차량의 주행에 더 많은 지장을 주고 있고, 불법주차에 대한 최고수준의 징벌수단인 견인자체도 불가능하다는 등의 여러 이유로 인해 일반 승용차의 불법주정차에 비해 관광버스가 발생하는 사회적 손실이 매우 크다고 할 수 있다.

이와 같은 상황을 종합적으로 판단한다면 당연히 관광버스가 우선 단속대상이 되어야 시민 눈높이에 맞는 주차단속행정이 아닐까 싶다.

그러나 현실은 관광버스는 운전자가 대부분 현장에 있기 때문에 단속에서 제외되고 운전자가 없는 일반 승용차량만 단속되고 있는 실정은 현행 주차단속정책의 공정성에 대해 다시 한 번 생각하게 할 수 있었다.

많은 대형버스들이 혼잡한 도로에서 가로변에 장시간 정차하면서 뒤따르는 다른 차량의 통행을 방해함으로써 심한 불편을 초래하는 경우를 도로현장에서 종종 볼 수 있는데 이 경우에도 운전자가 현장에 있어 계도하는 선에서 그친다는 것이 타당한 것인지? 의문을 자아내게 한다.

분명 도로교통법에는 주정차금지장소가 아니더라도 차량소통에 지장을 주는 경우에는 운전자가 현장에 있는 경우에도 과태료부과 단속을 할 수 있도록 규정되어 있는데도 현장에서는 단속공무원들이 예상되는 위반자들과의 갈등을 회피하기 위해 실효성이 없는 계도활동 중심으로 하다 보니 서울의 교통질서가 개선되지 않고 있는 상황이다.

현재 서울시에서는 "운전자가 현장에 있는 경우 단속요령"을 활용하여 위반정도가 심각한 경우에는 현장에 운전자가 있더라도 과태료부과와 같은 단속을 실시하고 있으며, 그렇지 않은 경미한 수준의 불법주정차에 대해서는 이동조치와 같은 "계도" 또는 "단속유예" 등 위반정도에 따라 탄력단속을 실시하고 있다.

관광버스들이 차벽을 형성하여 보행자의 불편을 초래하거나 혼잡한 도로에 정차하는 경우, 음식점에서 관광객과 함께 식사하는 등의 이유로 불법주차를 당연시하는 도덕적 해이를 보이는 운전자들의 경우에는 강력한 단속을 실시하고 있다. 그럼에도 관광버스에 대한 단속의 실효성이 떨어지는 데에는 주차위반 과태료가 현실적으로 낮은 수준인 것과 음식점주 등이 대납해주는 관행이 상존해 있기 때문이다.

그래서 관광버스나 대형 트럭과 같이 주정차 위반으로 단속해도 실효성이 떨어지는 이유가 낮은 과태료 수준인 것을 감안하여 과태료를 20만원까지 인상하는 방안을 추진하고 있다. 쉽지 않는 일이다.

주차단속체계가 갖는 한계

불법주차에 대한 단속은 서울시와 자치구가 분담하여 시행하고 있다. 서울시는 6차로 이상 도로를 자치구는 5차로 이하도로에서 주·정차위반 차량을 단속하고 있다. 단속권은 시와 자치구가 구분되어 있지만 과태료 부과권은 도로교통법상 구청장만 할 수 있도록 일원화되어 있다. 따라서 서울시 단속공무원이 단속한 건에 대해서는 관련 자료를 해당 자치구에 넘겨주어 구청장이 과태료를 부과하게끔 하고 있다.

전통시장, 음식점주변 도로 등의 불법주차는 심각한 수준인데도 자치구에서는 민생경제 활성화 등을 이유로 제대로 된 단속에 소극적이다. 이면도로 등 소규모 도로에 불법주차로 인해 소방차가 진입하기도 어려운 불법주차에 대해서도 계도위주의 낮은 수준의 단속권을 적용하고 있다.

일부 자치구에서는 서울시가 6차로 이상에서 단속하는 것에 대해서도 부정적인 입장을 보이기도 한다. 시에서 단속을 하지만 과태료부과는 구청장 몫이기 때문에 구민들의 불만을 사는 것이 큰 도움이 되지 않을 것이라는 생각 때문일 것이다.

그러면 자치구에서는 왜 불법주차 단속에 소극적일까? 주차 단속을 하면 과태료를 부과하게 되는데 그 규모가 크지 않아서 많이하면 할수록 주민들로부터 불만만 사고 주차질서 개선효과는 작게 나타나기 때문이다.

과태료 수준이 차종에 따라 승용차는 4만원, 승합차는 5만원 하는데 그것도 의견진술기간동안에 빨리 납부하게 되면 과태료 금액의 20%를 할인하여 주니까 실제로 부담해야 할 돈은 건당 32천원에서 4만원 수준 밖에 되지 않는다. 큰 돈일 수 있겠지만 지금의 과태료 수준이 20여 년 전인 1995년도에 결정된 금액이라면 상당한 시간이 흐른 현시점에서는 재고할 만한 수준인 것이다.

즉 과태료 수준이 매우 낮기 때문에 단속을 많이 해도 그 돈 가지고 단속공무원 인건비나 단속시설(장비) 유지·관리 비용 등에 사용하고 나면 얼마 남지 않게 된다. 그 얼마 남지 않는 돈 가지고라서도 주택가에 부족한 공영주차장을 조성하는데 사용하여야 하지만 아시다시피 공영주차장 건설에 막대한 비용이 들기 때문에 주차장특별회계에 계속 쌓이게 마련이다.

○ 주·정차 위반 단속/과태료부과 현황

(2017년 기준, 단위 : 건, 백만원)

	합 계	시	자치구
단속 실적	2,968,585	424,350	2,544,235
과태료 부과액	124,151	14,794	109,357
관련 민원	601,126	22,311	578,815

- 과태료 부과액 총 1,240억원 중 市 단속분 147억원, 자치구 단속분 1,093억원

　자치구에서는 가뜩이나 일반회계 예산만으로도 주민복지에 투자할 재원을 마련하는데 어려운 상황에서 주차장특별회계에 쌓여가는 돈을 그냥 놔두지 않고 있는 실정이다. 계속 쌓이면 나중에 공영주차장 건설 등에 사용하면 되는데 그 돈을 일반회계로 돌려서 구민복지예산 등에 사용하고 있는 형편이다.

　그래서 많은 시민들이 그렇게 주차단속을 많이 하면서 거기서 발생하는 과태료수입을 주택가의 부족한 주차공간을 마련하는데는 사용하지는 않고 어디에다 쓰느냐고 따지는 민원이 많이 발생하고 있다는 것을 관련 공무원들은 알아야 할 것이다. 주차위반 단속으로 발생한 과태료수입 재원이 공용주차장 공급을 위해 사용되어야 함에도 불구하고 복지예산이나 일반예산으로 전용하여 사용하는 것이 과연 시민 눈높이에 맞는 행정일까?

　서울시에서는 단속과는 별도로 도심에 대형버스 주차공간을 확보하는 것이 현실적으로 곤란한 점을 고려하여 차량소통에

지장을 초래하지 않는 차도에 두 시간까지 주차할 수 있도록 노상 주차공간을 지속적으로 확보하고 있다.

일부 자치구에서는 관련조례 개정 없이 주차장특별회계 예산을 일반회계로 전출시켜 사용하는 사례가 있다면 이는 엄연한 불법행위로서 시정되어야 할 것이다. 비록 일반회계 예산이 부족하다고 해서 주차장건설에 사용할 재원을 그렇지 않은 용도로 사용하는 것은 자치구에서 심각하게 고민해야 할 문제이다.

내가 교통지도과장으로 얼마 지나지 않았을 때에는 주차단속에 소극적인 것을 지역경제활성화나 선거를 의식할 수 밖에 없는 단체장의 문제로만 생각했었는데 사실은 일반 담당공무원들도 주차단속에 대해 부정적인 생각을 많이 가지고 있는 게 사실이다. 단속을 많이 하게 되면 민원이 많이 발생하고 때로는 주차단속에 격하게 반응하는 위반자들이 사무실에 찾아와 극렬하게 항의하는 일이 자주 발생하고 있어서 일반 직원들도 소극적일 수밖에 없을 것이기 때문이다.

앞에서도 언급했듯이 주차단속은 시민안전과 보행편의를 담보하면서 도심으로 불요불급한 차량의 통행과 진입을 예방함으로써 도시의 물류비용을 절감하게 하여 도시경쟁력을 높여 경제 활성화를 도모하는데도 있는 것인데, 마치 민생경제 활성화를 저해하는 규제행위로 인식하여 주차단속에 대해 알레르기적 반응을 보이면서 주차단속을 적극 반대하는 분들이 많이 있는 형편이다.

주차단속이 갖는 여러 함의에 대한 사고(思顧)

　사실 외국의 주요도시에서는 차량 구매비용보다 유지 및 관리비용에 대한 부담 때문에 차량을 소유하는 것 자체를 망설이게끔 하고 있다. 일본 동경의 경우에는 차고지증명제를 시행하고 있어 비싼 차고지를 확보하지 못하는 경우에는 자동차를 소유할 수 없도록 하고 있다. 중국 북경의 경우에도 자동차 총량제를 운영하고 있어 승용차 보유 희망자가 차량 T/O를 확보하지 못하면 차를 구매할 수 없도록 되어 있는 등 유지비용이 꽤 들도록 되어있는데 우리와는 사뭇 다르다.

　서울의 경우는 차량유지비용이 동경이나 북경에 비해 훨씬 저렴한 편이라 할 수 있다. 일반 승용차를 구매할 경우에 차고지를 확보하지 않아도 가능하다. 차 값 자체만으로는 서울을 포함한 세 도시가 비슷할 텐데 유지비용에 있어서 현저하게 차이가 발생하고 있는 것이다. 서울시민들은 어떻게 보면 불법주차 과태료를 유지비용에 포함시켜 부담하고 있다고 볼 수 있지 않을까 싶다. 주차단속문제는 여러 사회적인 여건들을 고려하여야 한다.

　서울시에서는 전통시장이나 소규모음식점 등이 밀집해있는 도로 주변에 대해서는 탄력단속을 실시하고 있다. 점심시간대에는 5차로 미만도로에 대해서는 단속을 완화해주고 있으며 전통시장에 대해서는 설날이나 추석명절에는 예외적으로 주차허용을 해주거나 한시적으로 단속을 완화하는 등의 시책을 실시하여 나름 민생경제 활성화를 위해 노력하고 있는데 그에 못지 않게 부작용도 따르는 게 현실이다.

차량을 가지고 식당에 가서 식사하는 사람들을 위해 주차 단속을 완화하는 것이 교통수요관리시책에 부합하는지는 교통철학이나 행정철학에 비추어 재검토할 필요가 있다. 불요불급한 차량의 통행 예방을 목적으로 하는 주차단속 방향에 부합하지 않을 뿐 아니라 자동차를 이동수단으로 하는 분들에게 특혜를 주는 꼴이 되어 상대적으로 그렇지 않은 BMW(Bus, Metro, Walk)족에게 불이익을 주는 등 불공정 시비를 야기하기 때문이다.

대표적 사례로 들 수 있는 경우가 주차공간이 부족한 상황에서 발렛파킹을 하는 음식점들이 다중이 편리하게 이용해야 할 보도나 차도를 주차공간으로 불법적으로 사용함으로써 부당이익을 보고 있는 것인데 그로 인한 피해는 오롯이 보행자나 다른 일반 차량운전자가 부담하는 꼴이 되어버렸기 때문이다.

경제활성화를 위해 부득이하게 교통수요관리 정책이나 보행친화도시 방향을 조금은 수정할 수는 있어도 전체를 훼손시키는 것은 막아내야 할 것이다. 우리 모두는 불법주차 단속의 목적이나 방향성에 대해 먼저 공감해야 할 것이다.

매년 불법주차로 힘들어 하시는 시민들께서는 120, 홈페이지 등 다양한 통로로 많은 신고를 해주신다. 통계에 잡히지 않는 건까지 합치면 매년 백만 건은 족히 될 것이라고 추정할 수 있

는데 관계공무원들이 더욱 주의 깊게 봐야 할 것은 주차단속을
해 달라는 신고건수가 매년 20%p이상 증가하고 있다는 것이다.

불법주정차 단속 요청민원 증가추세

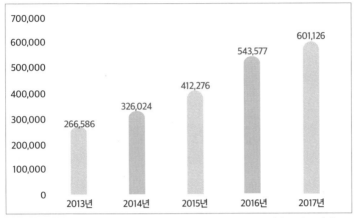

※ 120 다산콜센터에서 관리 하는 통계로 자치구 등에 직접 단속 요청하는 건은 제외

다양한 시민신고 통로

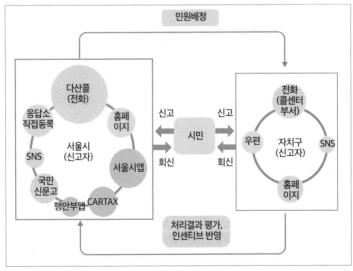

불법주차로 인해 매년 많은 사람들이 불의의 교통사고로 엄청난 피해를 보고 있고 (특히 어린이들이…) 화재발생시 소방차 통행로 미확보로 초기진화에 애로가 예상되어 발생할 수 있는 인명피해를 생각한다면 분명 "불법주차는 나쁜 것이다."라는 인식을 가지고 최소화하려는 노력을 시민들도 해야 할 것이며 공공기관은 무조건적인 단속완화가 아니라 필요하고 적정한 단속은 꼭 해야 할 것이다.

'차선 표시정보' 4가지를 알아보고 안전하게 주·정차하세요!

주차란?

운전자가 승객을 기다리거나, 화물을 싣거나 차가 고장나거나 그밖의 사유로 차를 계속 정지 상태에 두는 것. 또는 운전자가 차에서 떠나있어 즉시 그 차를 운전할 수 없는 상태에 두는 것. (도로교통법 제2조)

1 흰색실선

– 차선표시정보 흰색실선 에서는 주·정차 가능
– 교통흐름에 방해시 단속될 수 있음

2 황색점선

– 주차 금지, 정차 가능(5분 이내)
– 교통흐름에 방해시 단속될 수 있음

3 황색실선

주정차허용 (금지)

주·정차 허용(금지)
월~토
05:00~21:00

– 황색실선에서는 주·정차 금지

(단, 시간, 요일에 따라 주정차 탄력적허용, 설치된 보조 표지판 주차허용시간확인)

4 황색 이중실선

– 황색이중실선에서는 주·정차 금지

정차란? (도로교통법 제2조)

운전자가 5분을 초과하지않고 차를 정지시키는 것으로 주차 외의 정지상태.

3

시대 변화에 맞는 주차단속이 필요하다!!

주차단속도 시민들에게 규제라는 서비스를 제공하는 업무라 할 수 있다. 따라서 규제도 시대흐름에 따라 변화하여야 한다. 교통사고로부터 보행자 안전보호! 불요불급한 차량의 운행 감축 유도를 통한 물류비용 절감을 통한 도시경쟁력 제고! 이것이 주차단속의 상위 개념이며 목적이어야 한다.

이전에는 교통수요관리 목표를 달성하기 위한 주요 수단으로 주차단속을 강조하였지만 지금은 "걷기 좋은 서울 조성", "보행안전", "교통사고 감소" 등 시민안전을 보다 강조하고 있다.

그러한 입장에서 화재발생시 소방차통행로 확보를 위해 주택가 좁은 골목길에서의 주차단속을 강화해야 한다. 또한 도로 폭이 넓지 않은 이면도로나 어린이보호구역 등에서 어린이나 노약자의 교통사고로 인한 피해 예방(최소화)을 위한 주차위반 단속 역시 강화할 필요가 있다. 보행자 안전을 우선해야 하는 보도, 횡단보도, 교차로, 정류소 등에서 주정차위반 한 차량 역시 중점 단속대상이 되어야 할 것이다.

그런데 시나 자치구에서는 이러한 주차단속이 지향하고자 하는 정책목표를 달성하기 위한 주요 과제를 선정하고 그러한 과제를 실현하기 위한 전술이 마련되어 있어야 하는데 현실은 그러하지 못했었다.

현실은 서울시나 자치구에서 주차단속정책이라 할 만한 것이 없는 상황이라고 할 수 있다. 단속공무원을 채용해서 단속 현장에 배치하여 단속하게 하고 민원이 발생하지 않도록 단속공무원을 관리하는 것이 주차단속 정책의 전부라 할 수 있다. 거시적 차원의 주차단속정책이 없는 상황에서 "큰 숲은 보지 못하고 나무 하나 하나만 보는" 미시적이고 부수적인 단속업무처리에 행정력을 집중하고 있는 것이 현실이었다. 단속을 하지말라는 단속완화 요청 민원이나 단속해 달라는 단속요청 민원에 적절히 대응하면서 단속자체에 대한 불만민원을 원만하게 관리하는 것이 시나 자치구의 주차단속 관련한 주요업무가 되어버렸다.

제대로 된 주차단속정책을 마련하기 위해서는 정책집행 결과를 평가할 수 있는 지표가 있어야 하는데 현실은 단속실적이라는 지표밖에 없다. 주차단속 통계자료가 단속실적 밖에 없다. 제대로 된 평가지표라면 "특정 장소에서의 불법주차 발생빈도", "불법주차 차량에 대한 단속율", "불법주차 감소율" 등과 같은 것이어야 할 것이다.

단속실적이 평가지표가 될 수 있을까? 매년 서울시와 자치구가 단속하는 주정차위반 건수가 300만 건 이상이 되고 그 중 270에서 280만 건을 과태료부과처분(매년 천억 여원)하고 있는데 매년 이러면 지난 10년간 거의 3천 만 건을 단속했다고 할 수 있는데 제대로 된 주정차위반 단속을 하였다면 지금쯤이면 연간 주정차위반 단속건수가 감소되어야 하지 않을까?

2016년 서울연구원에 의뢰하여 현행 주차단속체계 개선방안 마련을 위한 연구용역을 추진한 바 있었는데 실태조사 결과 단속의 품질이 그리 높지 않은 것으로 나타났었다. 주정차위반 단속이 많이 이루어지는 곳이 불법주차 단속요청 민원이 많이 발생하는 장소와 직접적인 관계가 없는 것으로 조사되었기 때문이다. 이는 아무래도 단속공무원들이 공정한 단속보다는 편의주의적인 단속을 하고 있다는 것을 반증하는 것이라 할 수 있다.

많은 자치구에서 단속 품질을 평가하는 시스템이 구축되어 있지 않기 때문에 단속공무원들이 근무실적 평가에서 좋은 점수를 얻기 위해서는 현장에서 갈등 발생이 거의 없을 것으로 보이는 한적한 장소에서 불법주차된 차량위주로 단속하는 경향을 보일 수밖에 없다.

즉 단속요청 민원이 많은 상습적이고 고질적인 곳에서는 주정차 위반자와 싸워가며 힘들게 단속하여야 하는데, 한 건 단속하는데 시간도 많이 소요되고 스트레스도 발생하기 때문에 과태료부과 단속보다는 형식적으로 계도하고 자리를 뜨기 십상이다. 대신 그렇지 않은 곳에서 주정차위반 단속 실적을 쉽게 높이는 방법을 택할 것은 자명한 일일 것이다.

시민들께서 120 등으로 주차단속요청을 하면 3시간 이내에 처리를 해야 하는 "현장민원"으로 분류되어 단속공무원에게 배정되는데 접수에서부터 마지막단계인 응답소 답변처리까지 건당 평균 처리시간이 80분 이상('17.상) 소요되는 것으로 조사된 바 있다.

대부분의 불법주차는 위반시점부터 30분 이내에 자진 치유되는 특성상 80분이 넘어서 현장에 나가보면 차량은 사라지고 없는 상황이기 때문에 신고한 시민께서 받아보는 내용은 "현장에 출동해 보니 차량이 자진 이동하였습니다. 시민 여러분의 신고가 서울의 주차질서 개선에 많은 기여를 하고 있습니다. 감사합니다."와 같은 상투적인 것이었다.

예전에는 이러한 시민의 바람을 형편없이 뭉개버리는 답변이 대부분을 차지하고 있었다. 교통지도과장으로 일한지 얼마 안 될 때에 시민신고만으로도 과태료부과토록 되어있는 보도나 횡단보도에 불법주차 된 차량을 서울스마트불편신고 앱으로 여러 차례 신고한 바 있었는데 그 답변이 상식 이하의 수준이었다.

그 당시에는 과태료부과요건이 구비된 불법주차에 대해 앱을 통해 시민신고해도 과태료를 부과하지 않고 관행적으로 단속공무원을 현장에 출동시켜 단속하도록 하던 때라 그럴 수도 있다고 하겠지만 상식적인 행정처리라 할 수 없는 것이다.

과태료부과 요건에 부합되면 단속공무원 현장 출동없이도 즉시 과태료부과조치가 가능한 사안에 대해서도 그런 식으로 부적절하게 처리한 자치구가 다수였을 것이라고 생각한다.

또한 현장민원은 3시간 이내에만 민원을 처리하면 된다는 민원처리 규정에 따라 금요일 근무시간 종료 직전에 신고된 건을 다음 주 월요일에 굳이 단속공무원을 현장에 출동시켜 민원처리토록 하는 것이 과연 시민눈높이에 맞춘 주차단속행정인지 의심스럽기 짝이 없었다.

이러한 편의주의적이고 자의적인 민원처리 체계를 개선하려고 여러 가지 구상을 했었는데 그 중 한 가지가 불법주차단속 관제시스템을 구축하는 사업이었다. 2017년도 예산에 1.6억원을 관련예산으로 편성하였는데 주요 내용은 한정된 인력으로 최대한 신속하게 민원처리를 할 수 있도록 『민원접수–단속공무원출동–현장단속–응답소 답변』의 민원처리 절차를 자동관제화하는 것이었다.

관제시스템이 단속요청 민원발생장소에서 가장 가까운 곳에 위치한 단속공무원을 찾아내어 민원을 배정하여 신속하게 현장에 도착하여 단속활동을 전개하고, 현장에서 바로 서울시 응답소에 접속하여 민원인에게 답변하게 하여 실효적 민원처리가 가능하게끔 하는 것이다.

관제시스템 체계도

[관제시스템]
주·정차 발생 지역과
근접한 단속원 확인

근접한 단속원공무원에게
문자메시지로 단속 요청

[불법 주·정차 단속시스템]
단속 요청에 대한 처리
결과를 시스템에서 관리

불법 주·정차
발생 지역

　지금은 민원배정과 현장 대응방식이 매우 낙후적인 상황이
다. 민원이 접수되면 단속조직(지역대)에서 단속공무원을 전화
로 호출하여 민원내용을 구술 방식으로 알려주고 있는데 그 과
정에 민원인이 불법주차 장면을 담은 위반사진 등을 보내주는
경우도 있는데 단속공무원에게까지 그 사진을 전달할 수 있는
방법이 없었다.

　이와 관련하여 지금도 기억나는 게 있다. 한 시민이 불법주차
된 차량을 단속해 달라고 민원신고를 하면서 함께 사진을 찍어
보냈는데, 단속공무원이 현장에 도착해서는 한참이나 두리번
거리는 것을 지켜봤던 모양이다. 그러면서 "사진을 함께 찍어
보냈는데, 그것을 보면 쉽게 차량을 특정할 수 있을텐데 왜 그
렇게 안하느냐"라고 하면서 또다른 민원을 제기했던 것이다.

　그 외 관제시스템이 제대로 가동되면 주차단속요청 민원 상
습적 발생지역이라든지, 상습적인 불법주차 발생지역에서의 단
속 혹은 그 외 지역에서의 단속 실태 등을 분석할 수 있어, 단

속공무원의 행태를 개선하여 단속의 품질을 높일 수 있다.

시민이 주차단속요청을 120 다산콜로 신고하는 건수가 매년 평균 20%P 이상 급증하고 있다. 현재 시나 자치구가 민원을 처리하는 수준이 매우 낮기 때문에 민원인을 만족시키지 못해 반복적으로 단속을 요청하는 민원이 증가한다고 볼 수 있다. 스마트폰의 지속적인 보급으로 단속요청 신고제기가 매우 쉬워져서 그럴 수도 있겠지만 이러한 관제시스템을 잘 갖춰서 시나 자치구에서 제대로 활용해야 할 것이다.

민원처리를 효과적으로 처리하기 위해 불법주차단속관제시스템을 구축하는 사업을 2017년부터 진행을 했는데 아직까지 종결되지 않고 있다. 당초 2017년 12월까지 마무리할 계획이었으나 용역수행업체에서 사업의 완성도를 높이기 위해 3개월 준공기간 연장요청을 했기 때문이다.

그럼에도 사업의 완성도가 만족스럽지 않아 2018년 3월에 준공처리를 하지 않으려고 했지만 용역수행업체에서 하도 사정사정해서 조건부 준공처리를 해주었다.

명실상부한 자동관제시스템으로서 성능을 구비하는 조건으로 한 것인데 지금이라도 주차질서개선팀에서 조건 미이행을 이유로 준공처리한 사항을 철회할 수 있는지에 대한 종합적인 판단이 필요하고, 또 적정한 조치를 취해 주었으면 하는 바람이다.

4

자치구마다 다른 주차단속 기준, 어떻게?

서울시 교통행정은 선진 해외도시에 내놔도 결코 뒤지지 않는다. 그럼에도 주차단속분야는 낙후되어 있다. 주차단속을 하는 부서 책임자가 아무것도 모르고 단속하고 있기 때문이다.

"주차단속실적"이 현재로선 공공기관이 내세울 수 있는 정책지표 전부다. 단속권한을 가지고 있는 자치구마다 천차만별의 주차단속 기준이 적용되고 있어 같은 서울 하늘 아래에서 너무하는 거 아니냐는 비판이 제기되고 있다. 서울시가 제대로 역할을 하지 않는 사이에 자치구가 너무 많이 나가 버렸다.

주차단속은 현행법상 경찰과 자치단체인 시·군 공무원들이 할 수 있도록 되어 있지만 아주 오래 전에는 "경찰순시원"이 수행하던 업무였다. 그러다가 1991년부터 자치구가 주차단속업무를 수행하기 시작했고, 지자체장이 민선으로 선출되면서 주차단속에 소극적이라는 문제인식을 가진 서울시가 주도적인 노력을 하여 기초지자체와 별도로 특별시와 광역시도 주차단속을 할 수 있도록 관련법령 개정을 추진하게 된 것이다.

민간영역에서는 단속할 수 없도록 되어 있어서 말도 많고 탈도 많은 주차단속을 일본의 경우처럼 아예 민간위탁하자는 의견도 있지만, 한국에서는 아직 적용하기 어려운 상황이다.

아무튼 주차단속 관련규정을 살펴보면 이상한 측면을 발견할 수 있다. 도로교통법에서는 도지사와 특별·광역시장 등 광역자치단체장과 시장·군수 등 기초지자체장이 주차단속권한을 갖는 것으로 규정한 반면 같은 법 시행령에서는 강제 위임규정을 두어 광역단체장의 주차단속 권한을 아예 기초단체장에게 강제적으로 위임해 버렸다.

그렇게 해서 서울의 경우 자치구만 1991년부터 주차단속을 시행하여 오다가 1994년부터 지자체장을 민선으로 선출하기 시작한 이래로 주차단속행정이 표류하기 시작하면서 서울시가 직접 단속하는 방안이 제기되었고 서울시는 지난한 과정을 거쳐 2001년 6월부터 주차단속을 직접 실시하게 되었다. 도로교통법 시행령 제87조에 "원활한 교통소통과 시민안전을 위하여 필요한 경우에 시·도지사가 직접 단속할 수 있다."는 특례규정이 마련되어 있다.

○ 주차위반 단속권과 과태료 부과권 이원 운영

구분	주차위반 단속권	과태료 부과권
내용	특별시장·광역시장 + 시장·군수(구청장)	시장·군수(구청장)

초기에는 서울시와 자치구가 함께 단속하면서 혼란도 발생하게 되어 그런 혼란을 피하기 위해 단속구간을 구분하여 시행하게 되었는데, 최종적으로는 2010년 3월부터 시행된 서울시 주차단속지침에서 서울시는 6차로 이상도로를 자치구는 6차로 미만도로에서 주차단속 권한을 행사하도록 규정하게 된다.

자치구는 법에 의해 주차단속권한을 독립적으로 행사하고 있다는 판단 하에 서울시의 통제를 받기 싫어했고 서울시는 서울시대로 자체적으로 주차단속을 시행하는 쪽에만 신경쓰다보니 큰 틀에서 서울시와 자치구간 협업체계 구축, 주차단속 시스템간 연계, 주차단속 표준화 등과 같은 거시적 틀에 대한 관심이 소극적일 수밖에 없었다.

그 결과 자치구가 서울시와 다른 방향으로 너무 멀리 나가버리게 되었다. 그에 따라 자치구마다 단속기준 완화와 같은 소극적 입장을 견지하면서 주차단속기준이 천차만별의 상황에 이르렀다.

같은 서울하늘 아래에서 위반정도가 유사한 건에 대해서는 유사한 단속수준(강도)이 적용되어야 함에도 불구하고 위반차량이 위치한 자치구에 따라 어떤 자치구에서는 견인조치와 같은 강력한 규제수단을 적용하는 반면 길 하나를 두고 인접해 있는 다른 자치구에서는 계도조치 하는 등의 서로 다른 주차단속 기준을 적용함으로 인해 시민들이 불편해하고 혼란스러운 상황이 나타나게 된 것이다.

그리고 2018년, 2019년에 민선7기가 시작되면서 자치구에서는 더욱 주차단속이 서민경제 활성화에 저촉된다면서 소극적으로 흘러가는 경향을 보일 것은 자명하다.

지금도 자치구간 주차단속기준이 천차만별인데 앞으로 자치구들이 서로 경쟁적으로 주차단속을 완화하는 정책을 시행한다면 더 큰 문제가 발생할 수 있을 것이다.

가장 큰 문제는 "주차단속알림서비스 제공"과 "무인CCTV단속 유예시간"에 대한 것이다. 먼저 주차단속알림서비스는 자치구마다 개별적으로 단속 알림서비스 회원가입 신청을 받은 후에 고정식 CCTV나 이동식(차량) CCTV에 의한 단속 시 해당 차량이 주차위반으로 1차 적발되었을 때, 해당 운전자(차주)에게 문자로 단속예정임을 알려주어 차량을 이동조치토록 하여 과태료위반 사항이 적발되지 않도록 도와주는 역할을 하고 있다.

| 단속구역
차량진입 | → | CCTV
1차채증 | → | 단속예고
문자발송 | → | 운전자
차량이동 | → | 미이동차량
2차 채증
(5분 경과) | → | 과태료
부 과 |

불법주정차 단속구역   안내메세지발송   차량이동 조치(실시간)
차량진입

이와 관련하여 많은 민원이 발생하고 있는데 두 가지로 대변할 수 있다.

첫째는 서울시가 주차단속알림서비스를 통합해서 운영하라는 것이다. 즉 지금은 자치구별로 알림서비스를 운영하고 있어 많은 자치구에서 서비스를 받고 싶어하는 시민은 각각의 자치구 알림서비스에 회원등록을 해야 하기 때문에 매우 불편하다는 것이다. 그러니까 서울시가 주차단속알림통합서비스 시스템을 구축해서 회원등록을 한 번만 하면 서울 전역에서 서비스혜택을 받을 수 있게끔 해 달라는 것이다.

나도 맨 처음에는 그러한 서비스가 존재한다는 것을 알지 못했는데 구청에서 그런 정책을 실시하고 있다는 것에 대해 너무나 황당했었다. 아니 불법 주차된 차량에게 단속할 것이니까 차를 이동하라고 하는 것이 법 논리상 적절한 것인지 의문이 들지 않을 수 없었다. 극단적으로 얘기해서 어떤 범죄자에게 당신이 범죄를 저질렀으니 빨리 자리를 떠나라고 알려주는 것과 무엇이 다르겠는가?

결정적으로 이 시스템은 서울시와 같은 교통혼잡도시에서는 적용하기 어려운 치명적인 결함을 보유하고 있다. 만약 이 서비스가 서울 전역에서 이루어진다면 서울은 불법주차단속 걱정없는 도시로 바뀌어 보도, 차도 구분없이 불법주차가 만연할 것이 명약관화하기 때문이다. 걷기좋은 도시! 이루어질 수 없는 꿈이 될 것이다. 차를 집에 두고 대중교통을 이용하라는 서울시의 교통수요관리정책을 전면적으로 부정하는 꼴이 된다. 서울시에 의해 통합알림서비스시스템을 구축하게 되면 불법주차 단속이 불가능할 뿐만 아니라 모든 시민들에게 자동차를 자유롭게 이용하라는 달콤한 속삭임을 하는 것과 같다. 또한 사회적으로 막대한 손실비용을 유발하는 불법주차에 대해 시민세금을 사용하여 이러한 불합리한 서비스를 제공하는 것에 대해 다수의 시민들로부터 원성을 살수도 있지 않을까 우려되기도 한다. 왜냐하면 대다수의 서울시민들께서는 불법주차가 나쁘다는 것을 알고 있으며 가급적 준법주차를 하려는 수준 높은 시민의식을 가지고 있기 때문이다.

이 서비스는 생계형 차량과 같이 하루 벌어 하루 생활하는 분들에게 일부 예외적으로 적용된다면 아주 좋을 것으로 판단되나 그게 가능하려면 그에 대한 사회적 합의가 필요하며 선정기준을 마련하여야 할 것이다.

여하튼 내가 이런 시스템이 갖는 역기능을 강조하면서 자치구에 이런 시스템을 더 이상 운영하지 말 것을 강력히 요청하였는데 지금은 더 이상 자치구에서 추가로 설치하지는 않고 있어 천만다행이다.

자치구에서 이런 시스템을 운영하는 것을 포기하지 못하는 것이 아쉽기도 한데, 알림서비스를 폐기할 수 없다면 시민안전 관련 주요장소(보도, 횡단보도, 정류소, 소화전 등)에 대해서는 해당 서비스가 제공되지 않도록 불법주차 장소에 따라 이원적으로 운영하는 방식으로 관련 시스템을 개선할 것을 자치구에 권고하고 있다.

다음으로는 자치구별로 천차만별인 것이 고정식 무인단속 CCTV의 단속유예시간이 문제다. 자치구별로 최단 5분에서 최장 30분까지 다양하다. 시간이 흐를수록 많은 자치구에서 단속유예시간을 장시간 부여하는 쪽으로 의기투합하여 진행하는 추세를 보이고 있다.

같은 서울 하늘아래에서는 단속기준의 표준화가 필요하다. 4차로 이상 대로에 대해서는 차량소통과 과속으로 인한 교통사고 예방 등을 고려하여 엄정한 주차단속이 필요한 점을 고려하여 단속유예시간을 짧게(5분~7분), 4차로 미만도로(이면도로, 주택가 골목길 등) 소규모 도로에 대해서는 주차공간 부족 등을 이유로 탄력단속이 현실적으로 필요한 점을 고려하여 단속유예시간을 다소 길게(8분~10분)하는 방안을 검토해볼 필요가 있다.

주차단속 표준화나 주차단속권 일원화 논의를 공개적으로 해야 할 것이다. 이는 과거에도 연구용역차원에서 검토한 바 있는데 결론적으로 서울시에서 사업소 조직으로 일원화하자는 것이었다. 지방분권 바람이 강하게 불고 있는 현 시점에서는 쉽지 않는 이야기지만 시·구·전문가 등으로 TFT를 구성하여 논의할 필요가 있으며, 전 단계로 자치구별 천차만별인 단속기준을 표준화 하는 것이 현실적일 것이라 생각한다.

자치구 주차단속 차별적 운영실태

◆ **무인단속 CCTV 단속유예시간 상이** : 1분(최단) ~ 30분(최장)
◆ **단속 및 민원처리 종료시간 상이** : 오후 8시 ~ 심야까지
  - 자치구별 저녁시간대 단속 및 민원처리 종료시간 상이
◆ **주차단속알림서비스 제공** : 16개구(9개 구는 미실시)
  - 불법주차 및 불요불급한 차량 운행 조장 ⇒ 교통수요관리정책, 미세먼지 저감대책, 걷기 좋은 서울만들기 등 시정 방향과 부조화
◆ **불공정하고 부적절한 주차단속 활동으로 시민신뢰 실추**
  - 위반정도를 고려하지 않은 불공정한 단속 관행 :
    운전자가 현장에 없는 차량만 과태료부과 단속(vs. 운전자가 현장에 있으면 계도)
  - 보도·횡단보도 등 보행안전관련 주차위반도 10분~30분 단속유예 등

단속공무원의 단속행태 심층분석

내가 교통지도과장으로 부임한지 얼마 지나지 않아 목도했던 씁쓸한 주차단속 형태를 소개하고자 한다. 2015년 어느 봄날 심야(저녁 11시쯤)에 동대문 ○○쇼핑몰 부근도로에서 외국인관

광객을 대상으로 부당요금을 징수하는 택시를 추적 조사하기 위해 단속차량 안에서 단속전문관과 함께 잠복근무를 하고 있었다.

상가 지하 주차장 진입로 양측으로 불법주차된 차량이 다수 있었으나 차량 소통에는 지장을 초래하지 않는 상황이었다. 그때 2명의 자치구 주차단속 공무원이 나타나서 단속을 하기 시작했다. 아마 주차장 운영 업체에서 구청에 신고를 한 모양이었다.

그 중 한명은 불법주차된 차량들을 따라 발걸음도 가볍게 사뿐사뿐 다가가서 차량 전면의 유리를 노크하듯이 한대한대씩 두드리면서 이동하고, 다른 한명은 PDA에서 갓 프린트된 단속 스티커가 부착된 "과태료 부과 통지서"를 차량전면에 발빠르게 부착하고 사진찍고 하면서 순식간에 십여대 차량을 단속하고 다른 곳으로 떠나갔다.

왜 불법주차된 차량 전면부 유리를 노크하였을까? 운전자가 탑승 중인 것을 확인하기 위해서였다. 물론 운전자가 차안에 있는 경우에도 이동하라는 계도나 안내 조치는 이루어지지 않았다. 단속 실적을 채우기 위한 진형적인 사례라 할 수 있다.

상습적인 불법주차 발생지역에서는 단속공무원의 모습이 보이지 않거나 보이더라도 현장에서 위반자들의 거센 저항이 따르기 때문에 단속을 포기하고 떠나버리기 일쑤였다. 그러한 곳에서 제대로 단속하고자 하는 경우에는 위반자와 갈등 발생, 장시간에 걸친 설명 등에 장시간이 소요되고 심한 스트레스가 발생하기 때문이다.

그래도 단속실적을 정기적으로 평가받아야 하는 단속공무원들은 단속하기가 상대적으로 쉬운 기타지역에 가서 단속을 안해도 될 만한 차량을 골라 단속하게 되는 것이다. 단속공무원들 입장에서는 지극히 합리적인 선택이 될 것이다.

상습적이고 고질적인 불법주차발생 장소에서 주차단속을 하는 것은 쉽지 않다. 강남지역이 발렛파킹(대리주차) 업체에 의한 보도나 차도 등에 불법주차로 지역주민들의 엄청난 불편을 초래하고 있는데 그런 장소에서는 2인 1조로 구성된 단속공무원이 필요하고도 적정한 단속을 할 수가 없는 상황이다. 그런 장소에서 정작 단속을 하려고 하면 건장한 주차관리원들이 다가와서는 단속공무원들을 물리적으로 제압하여 실효적 단속이 불가능하기 때문이다.

그러면 대부분의 단속공무원들은 머쓱한 상태에서 형식적인 계도를 하고 자리를 떠나게 마련이었다. 대신 상대적으로 단속의 필요성이 덜한 한적한 장소에 불법주차 된 차량(운전자가 현장에 나타나지 않는 경우)을 단속하면서 그날의 머쓱함을 대신하곤 한다.

때론 CCTV가 장착된 차량으로 반자동 단속을 하게 되면 하루에도 최대 200건까지도 단속할 수 있게 되는데 이것은 더 큰 단속적폐였다. 그와 관련하여 내가 교통지도과장으로 부임한

지 얼마 지나지 않아 강남구청장 명의의 공문을 접수한 일이 있었다.

내용인즉 "서울시 단속공무원들의 강남구 관내 출입을 금지시켜 달라."는 것이었는데 이유인즉 단속공무원들이 무차별적으로 불법주차단속을 하여 구청에 민원이 쇄도하고 있다는 것이었다. 그런 구청으로부터 민원을 접수했을 때 상당히 당황스러웠다.

강남구청에 할 말이 없어서 그냥 묵묵부답으로 일관했던 기억이 난다. 과거에 주차단속공무원 1인당 하루 평균 단속건수가 10여건 정도였었다. 여기에는 스마트폰을 활용한 수동단속과 CCTV가 장착된 반자동 단속을 합쳐서 그렇게 되는데 단속공무원들이 단속실적을 올리기 위해서 CCTV가 장착된 차량을 이용해서 반자동 단속을 하게 되면 짧은 시간(1일)에 적게는 100건, 많게 하면 200건을 단속하는 것은 식은 죽 먹기라는 것이다.

이 경우에 단속공무원의 단속행위는 적법하다. 그러나 합리적이지도 못하고 공정하지도 못한 단속행위라는 것은 누구라도 공감할 것이다.

그래서 나온 것이 "공정한 단속"을 줄곧 강조하게 된 것이다. 「위반정도에 상응하는 단속수준 현장 적용」, 「강하게 단속할 필요가 있는 경우에는 강하게, 약하게 단속할 필요가 있는 경우에는 약하게 단속」과 같은 단속 전략을 마련하였으며 『단속공무원 업무다변화』,『위반정도가 중한 경우에 필요시 운전자가 현장에 있어도 단속』과 같은 주요 단속기법을 선정·활용토록 한 것이다.

교통지도과에서는 주차단속 외에 전용차로 위반단속도 병행하고 있다. 지금은 버스전용차로 외에 자전거전용차로 위반도 단속하고 있다. 업무량이 예전에 비해 많이 늘었음에도 불구하고 담당 직원들은 그대로여서 힘들어하는 직원들이 많았다. 전용차로 위반 단속건수가 매년 증가하고 있다는 사실이 나를 곤혹스럽게 하였다. 오랜 기간 단속을 해왔다면 시간이 지날수록 단속건수가 줄어들어야 하는데 현실은 그렇지 않아 과태료를 납부해야 하는 시민들은 강하게 저항하고 그런 과정에 직원들은 힘들어 할 수 밖에 없는 상황이 가슴아팠다.

이러한 문제점들을 이전부터 계속 느끼고 있었지만 앞에서 언급했듯이 문제를 개선하려면 체계적인 보고서가 작성되어야 하는데 그런 일을 경험해 보지 않았던 직원들에게 지시하면 어찌 될까? 굉장한 스트레스만 주기 때문에 가끔씩 아쉬움에 언급만 했지 실행으로 옮기지는 못했다.

그리고 과장으로서 가장 가슴 아프게 생각했던 사항이 위반자가 위반사실을 알게 되기까지 늦게는 20일 정도의 시간이 경과된다는 것이었다. 고정식CCTV로 단속되면 위반자가 즉시 단속되었다는 사실을 알 수 있었으면 좋겠는데 현실은 그렇하지 못했다.

CCTV카메라로 위반 사실을 채증하면 그 자료를 전용차로과 징팀 단속공무원들이 1,2차 대사과정을 거쳐 단속확정하여 사전통지서를 발송하게 되는데 그 기간이 보통 10일이 넘은 경우가 많았었다. 그래서 위반자가 과태료고지서를 받기까지 같은 장소에서 많게는 3,4차례 위반되는 상황도 발생하여 심각한 정도의 민원도 야기된 경우가 있기도 하였다.

앞으로 단속-과태료부과 시스템 등의 성능을 지속적으로 개선하여 단속즉시 위반자가 위반 사실을 알 수 있게끔 해야 할 것이다. 그 이전에도 기존의 업무처리 시스템을 개선하여 하루라도 빨리 단속되었다는 것을 알 수 있게끔 직원들의 노력을 요청드리는 바이다.

인력에 의한 단속은 위반차량 전면부 창에 단속사실을 알려주는 "과태료부과 및 견인대상 차량" 안내문(일명 "스티커" 혹은 "딱지")을 부착함으로써 위반자가 즉시 알 수 있으나 그 외의 단속시스템에 의한 단속은 위반 차주가 현장에서 위반사실을 즉시 알 수 없게 되어있다.

주차단속에 대한 시민인식

한번은 서울시에서 과장으로 근무하고 정년퇴직했던 분이 찾아온 적이 있었다. 주차위반 과태료 부과 고지서를 가지고 와서는 봐 줄 수 없냐고 해서 자세히 과태료부과통지서상의 위반 장면을 살펴보니 강남에 있는 어느 음식점 앞 보도에 불법주차를 한 차량이었는데 모구청에서 무인단속CCTV로 단속한 것이었다.

그래서 그 분에게 보도, 횡단보도, 교차로 등과 같이 보행자 안전과 관련한 장소에서의 불법주정차는 엄중하게 단속하고 있고 자치구에서도 의견진술을 해도 수용될 가능성이 낮을 것이라면서 서울시의 주차단속 방향을 안내해 드렸다.

그랬더니 그 분 얼굴색이 확 변하면서 "완장을 채워주었더니 너무 세게 단속하는 것이 아니냐" 하면서 불쾌감을 표현하기에 대놓고는 말을 못했지만 속으로는 '공무원출신이면서 너무하는 거 아냐' 불편한 심기가 있었지만 예의바른 표정을 지으면서 앞으로 시나 자치구로 하여금 보다 신중하게 시민의 입장에서 규제를 하겠노라하면서 양해를 구했던 적이 있었다.

이런 사례는 내가 교통지도과장으로 일하는 동안 자주 있었다. 오죽 했으면 내가 2015년 교통지도과장으로 발령받으면서 과 직원들에게 "주차단속 딱지 빼주기 없기" 선언을 했겠는가? 정상적으로 단속된 건에 대해 어느 누구를 막론하고 교통지도과를 통해 공식 비공식적으로 단속에서 빼주는 것은 있을 수 없다고 한 것이다.

이전까지는 교통지도과가 어찌 보면 중간에서 과태료 스티커 빼주는 중개인 역할을 하였던 모양인데 새로 발령받아서 얼마 되지 않은 부서장이 중개인역할을 하지 않겠다고 선언하고 말 뿐만이 아니라 행동으로 그렇게 보여주기 시작했다. 과거에는 주차단속 스티커를 빼달라고 하면 쉽게 빼주고 했던 모양이다.

다들 주차단속은 사소한 것으로 인식하여 누군가 단속딱지를 빼달라고 하면 상부상조의 마음으로 해당 구청 단속부서나 서울시 지역대에 연락하여 빼주곤 하였었는데 새로 부임한 지 얼마 안된 부서장이 주차단속업무가 뭐 그리 대단하다고 그렇게 했으니 과장에 대한 외부평가가 어떠했을 지는 불문가지였을 것이다.

나와 친하게 지내고 있던 모 과장이 아는 지인이 주차위반으로 단속 되었는데 빼 줄 수 없냐고 전화로 연락이 와서 "고지서를 나에게 주면 내가 대신 내 주겠다."고 대답했더니 알았다고 하면서 전화를 끊은 적이 있었는데 그 과장이 겉으로는 말을 안 했지만 속으로는 그랬을 것이다. '별거 아닌 걸 가지고 되게 비싸게 구네.'

주차단속 딱지를 빼달라고 하는 사람들이 과연 과태료 납부할 수 없을 만큼 형편이 어려워서 그럴까? 그렇지 않다.

경험상 그런 사람들은 두 가지 유형이 있다. 첫째는 부유하고 사회적 지위가 있는 분들이 불법주차로 단속되는 경우 그것을 못 참아하는 유형이다. 둘째는 단속스티커를 빼낼 수 있는 힘이 있다는 것을 주변 사람들에게 보여주고 싶은 과시형이다. 그래서 주차딱지를 빼내려고 주위의 힘깨나 쓰는 사람들에게 불법청탁을 하는 것이다.

그들은 주차위반 단속은 힘없고 배경 없는 일반 서민들이나 당하는 것인데 자기와 같은 유력자들이 단속되었다는 것에 참을 수 없는 분노를 느껴서 어떻게든 없었던 일로 하려는 것 같다. 그리고 과시형의 사람들은 주차단속 딱지를 없었던 일로 할 만큼 힘이 있다는 것을 주변 사람들에게 보여주고픈 심리가 있는 것 같다. 그래서 주차단속 딱지를 받은 시민들이 주변에 힘깨나 쓰는 분들이 있으면 그들에게 부탁하거나 의뢰하여 시청이나 구청에 압력을 행사하여 마치 없었던 일로 처리하게끔 하는 것이다.

그렇지만 2017년부터 부정청탁금지방지법이 시행됨에 따라 시나 자치구에서도 주차단속을 빼달라는 청탁은 대부분 사라졌을 것이라 믿는다. 아무리 사소한 법규라 하더라도 모든 시민들에게 공정하고 평등하게 적용되어야 할 것이다. 일반적으로 서울시민들은 주차단속이 되면 대부분 위반을 인정하고 의견진술 기간에 60%이상이 자진납부하고 있다. 이 경우 과태료가 20% 저렴하게 되는데 차종에 따라 32천원에서 4만원까지 부담하면 된다.

정말 힘없고 "배경"없는 분들은 전화로 거세게 항의하거나 직접 시나 구청 담당부서를 방문하여 봐달라고 사정하거나 아니면 심하게 욕을 해대면서 불만을 표출하는 선에서 끝내는 경우가 대부분이다. 대다수의 일반시민들은 일찌감치 불법행위를 인정하고 의견진술을 통해 과태료부과 금액의 일부감면을 받는다.

주차단속 적폐 해소!

최근에 2018년도 주차단속분야 시·구공동협력사업 평가결과에 대해 모 구청에서 이의를 제기한 건이 있었다.

평가지표 중 한가지인 "의견진술 수용율" 평가가 잘못되었다는 것이다. 관내에 신도시가 개발되어 고정식 무인단속CCTV가 갑자기 많이 설치되었는데 몇 몇 분들이 집중적으로 단속되어 부득이하게 의견진술과정에서 대부분 빼줄 수밖에 없어서 평가에서 낮은 점수를 받았다고 하면서 그런 사정을 참작하여 다시 의견진술 수용율을 계산해달라는 것이었다.

그것도 무시 못할 배경(백그라운드)을 동원하여 무조건 재평가해 달라는 압력을 강하게 받았는데 서울시과태료부과시스템을 통해 사실 체크를 해봤더니 잘못되어도 보통 잘못된 것이 아니었다. 해당 장소는 왕복 2차로의 좁은 도로로 평소에 불법주차가 극심하게 발생하여 고정식 무인단속CCTV가 설치되어 있었고 불법주차를 집중 단속한다는 현수막도 게시되어 있었다.

그 장소에서 몇 몇 차량이 2, 3개월 동안 수십 건이 단속되었는데 구청에서 거의 모두 서손처리 해버린 것이었다. 즉, 단속시스템에서 마치 단속이 안되었던 것처럼 처리해 버린 것이었다. 그래서 해당 구청의 부적절하고 불공정한 단속 및 과태료부과 관행에 대해 자세하게 구구절절한 내용을 담아 공문으로 시행하게 되었다. 만약 해당지역 구민들이 해당 구청의 불공정한 단속과 과태료부과행정을 인지하게 된다면 해당 구청의 행정신뢰도 실추에 결정적 영향을 끼칠 것이라는 것이 주요 내용이었다.

구청에 와서 거세게 항의하거나 힘 있는 사람의 힘을 빌려서 적정하게 단속된 건을 무효화하는 임의적 서손처리나 의견진술 수용은 사실 공무원의 범죄행위라 할 수 있을 것이다. 그것도 불법주차로 인해 심한 불편을 겪고 있는 주민들이 해당 구청에 강력하게 단속해달라고 민원을 제기하니까 구청에서는 집중 단속한다고 현수막까지 부착해놓고는 나중에 다 빼줘 버린다면 이는 대표적인 조삼모사(朝三暮四) 행정이요, 시민들을 우롱하는 처사일 것이다.

불공정한 단속도 문제지만 불공정한 과태료부과도 시정되어야 한다. 자치구에서 관행적으로 이루어질 것으로 추정되는 임의적 서손처리(폐기)나 의견진술 수용에 대해 전수조사나 샘플조사를 실시하여 합리적인 대안을 제시하는 노력을 해주길 바란다.

조사를 통해 지난 2010년도에 시행된 "불법주차 의견진술 수용기준"을 현실에 맞게 재정비해서 자치구에 가이드라인으로 권고하였으면 하는 것이다.

서손처리는 예외적으로 인정되어야 한다. 중복단속 되었거나 한시적 주차허용 구간에서 단속된 경우, 번호판 인식 실패와 같은 명백한 단속 에러로 인한 경우에 제한적으로 활용되어야 할 것이다. 현행 단속수단별로 생성되는 단속데이터가 통합(연계)되어 구동되지 않고 있는 관계로 중복단속의 가능성을 피할 수는 없기 때문이다.

그래서 단속이 되면 바로 대사과정을 거쳐 즉시 과태료부과 시스템에 등재하여야 한다. 그래야 빠른 시간 내에 과태료부과 시스템상에서 중복단속 여부가 걸러질 수 있기 때문이다. 그런데 예전에는 단속하면 일부러 2~3일 정도 숙성시킨다는 이야기를 들었던 것 같다. 과도한 단속이라면서 민원 발생이 우려되는 경우, 외부압력으로 정상적인 과태료부과가 불가능할 것으로 파악되는 경우에는 서손처리 해야 하기 때문에 일정 시간 뜸을 들였다가 과태료부과시스템에 등재한다는 설이다.

물론 이러한 내용은 지금은 불가능한 이야기일 것이다. 단속부서 직원들에 의한 임의적 서손처리가 만약 지금도 자행되고 있다면 이는 청산되어야 할 "생활적폐"다. 이 경우에는 사실관계를 규명하여 김영란법 위반행위로 쌍방 처벌을 해야 할 것이다.

시민눈높이에 맞춘 주차단속 어떻게?

주차단속은 1990년도 전까지는 경찰공무원이 전담하여 추진하다 1990년 11월부터 자치구 공무원들도 단속할 수 있게끔 관련규정이 정비되었고 2001년도부터는 서울시와 같은 특별시와 광역시 공무원들도 단속할 수 있도록 도로교통법시행령에 특례규정을 마련하여 오늘에 이르게 되었다.

현 시점에서 볼때 서울시가 직접 주차단속을 하는 것은 두 가지 의미가 있다.

첫째는 시민생활과 밀접한 주차단속 행정에 대한 광역적 차원의 표준화된 단속매뉴얼을 만드는 데 있어 테스트베드 역할을 수행하는 데 있다 할 수 있다. 즉 현장에 적용 가능한 실효성 있는 단속 매뉴얼을 만들기 위해서는 단속현장을 정확하게 알아야하고 시범운용 과정을 거쳐야 하는데 이때 서울시 자체 보유 단속반이 필요한 것이다.

둘째는 주차단속의 올바른 모델을 제시하는 데 있다. 시민이 박수치는 품격있는 공정한 단속을 하기 위해 어떻게 해야 하는지에 대한 모범을 보여주어 자치구로 하여금 학습토록 하는데 있다 할 수 있다.

서울에서만 매년 평균 3백만 건을 단속하여 그 중 270만 건을 과태료 부과하고 있는데 지난 10년을 계산해보면 3천만 건 정도가 단속되었다면 지금쯤은 서울의 주차질서는 이미 확립되어 있어야 할 것으로 생각된다. 그렇지 못한 현실은 아쉽기만 하다. 매년 천여 명의 시·구 주차단속 공무원들이 서울의 곳곳에서 주차질서 개선을 위해 단속활동을 전개하고 있는데도 서울의 주차질서 상황이 그리 만족스럽지 않은 이유는 무엇일까?

단속정책 수립을 위해 활용할 수 있는 가치 있는 통계자료가 별로 없는 상황이다. 담당 부서장으로서 지난 4년간을 되돌아볼 때 가장 큰 애로사항을 들라고 하면 역시 빅데이터에 기반하지 않는 비과학적 단속행정을 들고자 한다.

주차 공간 공급 여건에 상응하는 주차단속정책이 마련되어야 시민의 안전이 담보되지 않을까 싶다. 주차 공간(주차요금 포함)이 잘 정비되어있는 지역과 그렇지 않은 지역 간에는 주차단속 강도가 달라져야 한다고 누구든지 생각할 수 있을 것이다. 거기에다 주차단속요청 민원의 수준도 반영된다면 안성맞춤식의 주차단속 정책이 가능하지 않을까 싶다.

지금은 그런 빅 데이터에 기반한 과학적 단속이 아니라 단속 공무원의 편의주의적 발상에 기반한 단속이 이루어지는 관계로 시민들은 주차단속에 대해 불편한 속내를 가지고 있는 것이다. 그러기 위해서는 우선적으로 각자 개별적으로 운영되고 있는 인력에 의한 스마트폰 단속, CCTV차량 단속, 고정식무인단속CCTV를 서로 연계하여야 하고 거기에다 주차공간 정보시스템, 주차단속요청 민원시스템을 상호 연계시켜야 할 것이다.

마지막으로 과태료부과시스템을 최종적으로 연계하면 명실상부한 진정한 의미의 불법주차통합관리플랫폼의 기능이 구현되어 주차단속이 더 이상 천덕꾸러기 역할을 하는 것에서 벗어나서 진정 시민의 안전을 담보하는 수단으로서 시민의 환영을 받을 것이라 확신한다.

그래서 작은 출발점이지만 서울시가 2013년에 구축하여 운영해오고 있는 서울시주차단속시스템에 자치구가 많이 참여하도록 노력해야 할 것이다. 그 외에도 여러 가지 소소한 것들이 많이 있을 것이다.

주차금지장소에서는 잠깐의 정차는 가능합니다.

5분이내 잠깐 정차 허용
[도로교통법 제33조]

주차금지 + 노면표지 (황색 점선) +
• 터널안 및 다리 위 화재경보기로부터 3M 이내
• 소화전소화기구로 부터 5M 이내
• 소방용 방화물통으로 부터 5M 이내의 곳 등

주차금지표지판   노면표지 (황색 점선)

소화전 등 소방용수시설과 화재경보기 등 소방시설이 설치된 장소는 '18. 8.10부터 주·정차금지로 변경되어 잠깐 정차도 안됩니다.(도로교통법 제32조 개정사항)

이 경우에도 뒤따르는 차량의 통행에 지장을 주는 등 다른 교통에 방해가 되는 경우에는 단속대상이 됨

주·정차 위반 단속 체계 안내

■ **단속권한** : 시장(6차로 이상 도로) / 구청장(6차로 미만 도로)

■ **단속방법**

• 스티커 단속 : 단속공무원이 현장에서 단속 스티커발부(견인)
• CCTV 무인단속 : 차량주행형, 고정식(무인)
• 시민신고 : 보도, 횡단보도, 교차로, 소화전, 버스전용차로 불법 주·정차대상

■ **과태료부과** : 구청장권한(불법 주·정차단속의 경우)

■ **과태료사용** : 자치구 세입으로 공영주차장 건설 등에 사용

■ **단속시간** : 서울시

• 평일 : 07:00~22:00, 토·공휴일 10:00~18:00

■ **단속내용**

• 과태료 부과(4만원~5만원)+강제견인(견인료 4만원~14만원)
• 소화전주변, 어린이보호구역 : 8만원~9만원

■ **화물(택배) 1.5톤 이하 생계형 차량에 대한 30분 단속 유예**

  (단, 출퇴근 시간대, 보도, 횡단보도, 교차료, 버스정류소 등은 적용 제외)

■ **점심시간단속유예(11:00~14:30)**

• 대상 : 6차로 미만 도로상 소규모 음식점

  (단, 보도, 횡단보도 등 시민안전저해장소는 단속대상)

※자치구별 지역여건에 따라 단속시간(기준)이 일부 다를 수 있습니다.

5

현장 단속공무원의 안전이 위협받고 있다!

2016년 5월쯤에 명동의 단속현장에서 불행한 사고가 발생하였다. 단속공무원 한 분이 택시 승차거부로 의심되는 상황에서 단속매뉴얼에 따라 적정한 단속을 하는 과정에 체중이 100kg이 넘어 보이는 거구의 택시기사로부터 심한 폭행을 겪게 되었다.

단속에 한바탕 거세게 저항하던 택시기사는 곧바로 택시 안으로 들어가 버렸다. 단속이 어렵게 되자 단속공무원들이 경찰의 도움을 받고자 112에 신고한 후 경찰이 오기를 기다리는 과정에 택시기사분이 택시 안에서 심정지로 사망에 이른 것이다.

당시에 단속공무원의 동영상이 없었다면 단속공무원의 과잉 단속이라는 오해를 불러일으켜 서울시가 크게 위기에 몰릴 수 있는 상황이었다. 게다가 단속현장에서 벌어졌던 일들을 주변

건물 외벽에 설치된 CCTV에도 고스란히 담겨있어서 공무원에 의한 강압단속과정에 일어난 불미스러운 일이 아니었음이 명명백백하게 드러났다.

택시 노조 관계자들이 사무실로 여러 차례 항의 방문하여 과잉단속을 이유로 문제화하려는 시도를 하였으나 동영상에서 보여주듯 택시기사분이 되레 단속공무원을 위협하고 가격하는 상황이 명백하여 더 이상 비화되지는 않았다.

이처럼 단속공무원들이 택시운전자의 불법운행사실을 입증하기 위해 촬영한 증거자료가 자신을 보호하는 장치가 되었다. 과거에도 주차단속과정에 유사한 일이 발생한 사실이 있었기에 직무교육시간 등에 수시로 강조한 바 있었는데 그런 노력이 진가를 발휘하는 순간이었다.

이전에도 주차단속 과정에 불만을 품은 관광버스 운전자가 차내에 보관하던 낫을 들고 나와서 단속공무원에게 행패를 부린 일이 발생하였던 적도 있었는데 그 당시에도 동영상이 있었으면 운전자를 특수공무집행방해죄로 처분하는데 결정적인 역할을 할 수 있었는데 아쉽게도 촬영을 하지 못한 아쉬움이 있었다.

단속공무원들이 현장에서 겪는 고충은 심각한 경우가 많은데 때로는 생명의 안전을 위협받는 상황이 부지기수다.

주차단속현장도 마찬가지다. 단속공무원들의 정당한 법 집행 행위에 대해서 규제를 받는 분들이 극렬하게 저항하여 때로는 백주대낮에 낫 등의 흉기를 들고 주차단속공무원들에게 위협을 하면서 분풀이를 한다 던지, 심한 욕설을 사용하여 단속공무원들에게 두려움을 주어 다시는 그 곳에서의 단속활동을 엄두도 못 내게 하는 등의 효과를 거두려는 못된 행위들이다.

그러한 어려운 여건에서도 많은 단속공무원들은 제대로 된 단속을 하기 위해 고군분투하고 있다. 거센 저항과 위협과 같은 어려운 상황에서도 절대 물러서지 않으려고 하는 분들이 많아졌다.

어떤 단속공무원 한 분의 말씀이 아직도 뇌리에 남아있는데 그 분의 말씀은 이러했다.

"단속현장에서 위반자들의 거센 저항과 위협에 한번 굴복하여 패배자처럼 그냥 물러나게 되면 그 다음에는 똑같은 장소에 갈 수가 없게 됩니다. 끝까지 어떻게든 단속하면 다음에 그 장소에 가서 단속할 수 있습니다."

"와0파0 도시락" 광고 택시를 잡아라!

2018년 4월 즈음해서 강남대로에서 승차거부 단속을 하던 단속공무원이 택시기사에게 뺑소니를 당해 부상당하는 사건이 발생한 적이 있었다. 담당과장으로서 사태의 심각성을 인식하고 인사주임과 함께 관할 경찰서인 강남경찰서를 방문하여 사건담당 수사관에게 우리 시의 입장을 설명하면서 빠른 시일 내에 범인을 잡아달라고 신신당부하였다.

단속공무원들이 심각한 후유증으로 인해 단속자체가 어렵기 때문에 가급적 빨리 검거하여 그에 상응하는 응징을 받도록 하는 것이 그나마 단속공무원들의 정신적 충격을 조속히 완화시킬 것이라는 생각이 들었기 때문이다.

그러면서 경찰이 확보한 사고발생 장면을 담은 CCTV동영상을 주의 깊게 살펴봤는데 뺑소니택시의 외부에 흐릿하게 사각형 박스형태의 광고 면이 눈에 띄었다. 돌아오는 길에 인사주임과 주의 깊게 길거리의 택시들을 쳐다보면서 시청으로 복귀하다가 유사한 형태의 광고 문구를 찾을 수가 있었다. 다름 아닌 "와0파0 도시락" 광고 문구였다.

그래서 담당수사관에게 그 사실을 알려주었고 경찰이 택시조합 측에 요청하여 위와 같은 광고를 하고 운행 중인 택시차량을 특정하여 수사범위를 좁혀나가 드디어 범인을 검거하게 되었다. 수사과정에 교통지도과 직원들의 공조가 범인 검거의 일등공신이었다.

그러나 나중에 확인한 결과 피해를 입은 단속공무원이 택시기사와 합의를 하였다고 한다. 결코 합의해서는 안 되는데…… 단속공무원에게 잘못했다가는 어떻게 되는지를 시범케이스로 보여주어서 다시는 그런 못된 짓을 하지 못하도록 하는 기회로 삼으려고 했었는데 할 수 없었다.

해당 택시기사는 특수공무집행 방해죄에다가 특수상해죄 등으로 잘못하면 헤어나오지 못할 정도의 엄중한 처벌을 받게 될 것이었기 때문에 단속공무원에게 싹싹 빌었을 것으로 판단된다.

어찌됐든 그때 처음으로 "와0파0 도시락"이란 광고에 대해 알게 되었다. 지금 와서 말하지만 내 눈썰미도 꽤나 쓸만하지 않은가?

가슴아픈 이야기!!

어떤 택시(개인)운전자는 승객을 상대로 돈벌이를 하는데 그 기법이 아주 전문적이었다. 승객에게 교묘하게 말싸움을 걸어 화를 내도록 하여 택시기사에게 욕을 하거나 가벼운 폭행을 유도한 다음에 승객을 협박하여 경찰지구대로 찾아가 승객을 모욕죄나 폭행죄로 걸어 적게는 50만원에서 많게는 100만원까지 뜯어낸다는 것이다. 택시 내부에 블랙박스가 설치되어 있어 언쟁이나 가벼운 다툼은 고스란히 촬영되어 증거자료로 활용되어 그런 상황을 잘 모르는 승객들은 피해를 당할 수밖에 없었다.

해당 운전자는 주로 양천구 관내에서 짧은 거리를 운행하면서 승객들을 봐가면서 승객의 약점을 찾아내어 장기간에 걸쳐 전문적으로 승객의 화를 이끌어내서 돈벌이를 하였는데 과거에도 그 죄질이 나빠 교통지도과에서 집중 마크해서 고발까지 했었는데 결국은 대법원까지 가서 무죄를 판명 받아 다시금 택시 운행을 하고 있었는데 매년 택시불친절 신고접수건수가 무려

50건 이상 접수된 부동의 민원제기 1위를 수년째 유지하고 있었다.

다행히 그 운전자에 대해 예의주시하고 있던 관할 경찰서 경찰들도 요주의 인물로 관리하고 있을 정도였는데 다행히 최근 (2018년)에 그 택시기사가 어떤 승객을 택시차량 손괴 혐의로 몰아세워서 돈을 뜯어내려다가 되레 경찰에 덜미를 잡혀 구속됨으로써 마침내 그 마각을 그만두게 되었다.

참으로 대단한 택시 기사다. 택시기사 스스로 자기 소유 택시의 범퍼 등을 직접 발로 차서 찌그러트린 다음에 이를 승객이 한 것처럼 무고하여 돈을 뜯어내려다가 치명적인 실수로 인해 덜미를 잡힌 것이다.

택시에 설치된 블랙박스에서 촬영된 동영상을 실수로 지우지 못했던 것인데 경찰이 그 자료를 확보하게 되어 법정 구속됨으로써 지난 십 수 년 간 택시 승객을 대상으로 한 부도덕한 행위가 근절되게 되었다. 승객을 갈취하여 돈을 뜯어내기 위해 스스로 설치한 블랙박스가 오히려 자기 발등을 찍는 결과가 되어버린 것이다.

승객들은 잘못하면 법적 쟁송까지 갈 수도 있고 모욕죄나 폭행죄로 신상에까지 좋지 않은 영향을 받을 수 있다는 두려움과 함께 불쾌한 경험으로부터 빨리 벗어나고픈 심정에 경찰의 중재에 마지못해 택시기사와 금전적 합의를 하게 되는 것이다.

지금까지도 기억이 생생한 또 다른 사례를 소개하고자 한다.

어떤 택시운전자가 공항에서 장시간 대기 끝에 승객을 태웠는데 어쩔 수 없이 단거리를 운행하게 되어 기분 나쁜 감정을 승객에게 그대로 표출하는 내용인데 승객이 인내해야 할 공포를 생각하니 어이가 없는 상황이었다.

그 불쾌한 경험을 겪은 승객이 120 다산콜로 신고를 하였는데 그 당시에는 택시불친절에 대한 처분 규정이 마련되어 있지 않았고 증거자료도 없어 실질적인 처분은 이루어지지 않고 대신 택시회사에서 교육을 실시하는 것으로 가름하였다.

민원내용은 이러했다. 택시운전자가 김포공항 택시승차대에서 한참을 기다려 승객을 태웠는데 목적지가 공항 인근이었다. 승차거부로 신고 되는 것을 피하기 위해 어쩔 수 없이 단거리 승객을 태우긴 했지만 그 불만이 어디 갔겠는가? 그 불만을 삭이지 못한 택시기사는 운행시작부터 구시렁구시렁하며 승객이 다 들을 수 있도록 "에이 오늘 정말 재수 없네!" 등과 같은 장탄식을 계속하면서 운행하다가 어떤 교차로에서 신호대기 중에 마침 아는 택시기사를 만나게 되었는데, 택시 운전석 쪽 창문을 열고는 친구인 듯한 다른 운전자에게 "에이 XX 재수 없어", "오늘 공항에서 엄청 오래 기다렸다가 재수 없이 000를 운행하게 됐어", "짜증나 죽겠어" 등 듣고 있는 승객으로 하여금 엄청난 두려움을 느낄 수 있는 말들을 쏟아냈다는 것이다.

마치 소설과도 같은 내용이어서 지금까지도 생생하게 기억하고 있다.

그 외에도 늦은 시간대에 여성승객을 대상으로 성적 수치감을 느끼게 하는 성희롱성 발언을 습관적으로 하는 운전자에 대한 민원도 120 다산콜 등으로 다수 신고되는 편이었다. 물론, 대부분의 택시운전자들은 친절하고 정상적인 운행을 하고 있다고 생각하지만 그렇지 않은 몇 몇 분들이 택시 전체를 욕 먹이고 있는 것이다.

승객 보호를 위해

법적으로 처분이 어려운 상황에서 어떻게 승객들을 보호할 수 있을까? 결국은 조사와 단속체계를 고도화하여 교통지도의 손길이 그들을 규제하고 있다는 인식을 하도록 해서 위반빈도를 낮추는 방법이 최선이라 생각하고 그러한 것에 대해 중점적으로 추진했다.

가장 시급했던 것이 조사능력을 고도화하는 것이었다. 순환보직을 하는 일반 행정직 공무원으로서는 갈수록 지능화하는 위반자들의 조사를 진행하는데 한계가 있을 수밖에 없다.

조사관들은 법적인 소양을 갖추어야 할 뿐만 아니라 현장도 알아야하고 상습적 위반자들을 대상으로 해야 하는 업무특성상 상당한 수준의 담력과 순발력도 두루 갖추어야 한다. 뿐만 아니라 조사능력과 함께 논리적인 글로 조사서를 작성할 줄 알아야 한다. 그래야만이 처분청인 자치구 담당자들이 제대로 된 처분을 할 수 있기 때문이다.

처분청인 자치구에서는 택시운전자가 위반사실을 부정하면서 강력히 반발하는 경우에 제대로 조사하여 적정한 처분을 내리기가 쉽지 않다. 법인택시 사업자들이 해당 자치구 관내에서 가지고 있는 영향력은 상식적으로 생각해도 매우 클 것으로 예상되며, 개인택시업자들도 조합이나 지부가 가지는 영향력에 대해 관공서에서도 쉽게 무시하기 어려울 것이라는 사실은 누구나 알 수 있을 것이다.

지금은 상습적으로 민원을 야기하는 택시운전자들에 대해서는 베테랑 조사관을 전담으로 배정하여 체계적으로 관리하고 있고 문제 있는 운전자들에 대해서는 현장에서 추적 단속하여 적발함으로써 경각심을 주는 등의 단속체계 고도화도 추진하고 있다. 특히 성희롱성 발언으로 여성승객에게 두려움을 느끼게 하는 택시기사관련 민원 건은 사무실조사외에 현장단속으로 전환하여 그 죄를 엄중하게 묻고 있다.

그로인해 현재는 과거처럼 무차별적으로 상습적으로 민원을 야기하는 택시운전자가 많이 감소하는 추세이다. 거기에다 경찰출신의 베테랑 조사관들을 대거 영입하여 조사의 품질을 높여서 처분청인 자치구에서의 처분율도 높아지고 있는 상황이다.

게다가 승차거부나 부당요금 징수 시 적발 횟수에 따라서는 운전자가 택시업계를 떠나야 하는 삼진아웃제가 적용되면서 처분에 부담을 느낀 자치구 담당자들이 증거가 뚜렷함에도 불구하고 경고처분 등 실효적 처분을 주저하는 상황이 나타나게 되어 부득이하게 승차거부 현장단속분에 대해서는 서울시에서 직접 처분하도록 관련규정을 개정하여 2018년부터는 서울시가 직접 엄정한 처분을 시행하고 있다.

6

택시 승차거부 문제! 답은 없는가?

택시 승차거부는 왜 발생할까? 특정시간대에 택시 공급보다 수요가 많기 때문이다. 승객은 많은데 택시는 적게 운행하기 때문이다.

대책은 간단하다! 택시 운행량을 늘리는 것이다. 특히 겨울철 혹한기나 연말에 심야시간에는 고령층의 개인택시 운전자들이 여러 이유로 운행하지 않기 때문에 택시가 부족하다는 판단을 하고 있다. 다른 방법은 승차를 거부하는 경우에는 단속 대상으로 강력하게 처분하여 택시 운행을 하지 못하도록 하는 것이다.

법인택시 22천여 대, 개인택시 49천여 대가 운행 중인데 법인택시 중에는 운전자가 부족해서 운휴하고 있는 택시가 매우 많고, 개인택시도 역시 "부제"가 운영 중에 있어 운행하고 싶다고 매일 운행할 수 있는 상황은 아닌데 연세 드신 분들이 많아 눈이 내리거나 춥기나 하면 운휴하는 등으로 인해 절대 운행량이 부족한 실정이다.

시에서 연말에 택시 승차거부 단속에 앞서 택시 공급을 늘리기 위한 다양한 방법을 강구하고 있지만 특정시간대에 폭증하는 택시수요를 따라잡기에는 턱없는 것 같다.

그 외에 택시 승차거부는 일부 택시운전자들의 도덕적 해이에 기인하기도 한다. 면허업인 택시 영업은 상당한 수준의 공공재적인 측면이 있다. 택시영업은 여객운수사업법에 의해 영업이익을 보호받고 있다. 전에 우버택시가 서울에 상륙하려다 철수한 바가 있는데 아무나 택시운송업을 할 수 있는 상황이 아니다.

그러한 진입장벽 존재로 인해 개인택시 1대 T/O값이 1억 원을 호가하고 있는 상황에서 택시승차거부가 일상적인 수준으로 발생하고 있다는 것은 심각한 도덕적 해이라고 할 수 있다. 짧은 시간에 사납금과 개인 수입벌이를 위해 짧은 거리보다는 장거리를 선호하는 것은 당연하다고 할 수 있으나 어찌 택시 승객이 모두 장거리만 갈 수 있겠는가? 장거리가 아니라고 거부하고 택시운전자 입맛에 맞는 승객만 골라 태운다는 게 말이 되는가!

매년 연말에는 택시 승차거부가 빈번하게 발생하여 시민들께서 많은 불편을 겪게 됨에 따라 심야에 택시 승차거부 단속공무원들을 대폭 확충하여 근무토록 하고 있다. 2017년도부터는 매년 12월에는 주차단속인력을 최소화하여 운영하는 대신 심야 승차거부 단속으로 전환 배치하여 택시 승차거부 근절을 위해 특별단속을 추진해오고 있다. 물론 이 과정에 많은 단속공무원들을 설득하고 훈련시키는 일이 수반되었다.

주차단속업무와 택시 승차거부 단속업무는 그 방법이 다르기 때문에 갑자기 업무를 바꾸면 현장에서 제대로 된 대응이 어렵게 된다. 주차단속은 주로 정지되어있는 차량에 대해 2인 1조로 위반상황 채증자료 확보, 스티커 발급 등으로 진행되지만 승차거부 단속은 움직이는 택시를 상대로 단속공무원 3~4명이 한 조가 되어 위반사실 고지, 적발통보서 작성, 위반사실을 입증하는 승객 동영상 촬영, 택시 진행 저지 등 각자 맡은 일을 짧은 시간에 신속하게 마무리해야 한다.

물론 두 분야 모두 현장에서 단속관련 법규에 대한 지식 및 위반자에 대한 품격 있게 설명할 수 있는 소양, 위반사항에 대한 상황파악능력과 대응능력, 불법행위에 담대하게 대응하는 담력 등이 구비되지 않으면 안 된다.

그렇지만 심야시간대에 발생하는 택시 승차거부 단속현장은 위험천만한 일들이 항시 발생할 수 있어 다소의 업무숙련도가 필요하다. 그래서 주차단속업무를 하던 분들을 심야 승차거부 단속으로 전환 배치하려면 상당한 시간을 투자하여 단속기법과 안전에 대해 집중적인 교육이 필요하다.

다행히 2016년부터 단속공무원 업무 다변화 추진, 주차단속과 승차거부단속 업무 간 순환근무 추진을 해오던 터라 완벽하지는 않았지만 그래도 별 무리 없이 전환 배치하여 2017년도 연말 택시 승차거부 특별단속을 실시할 수 있었다.

　그렇지만 매년 연말에 기승을 부리는 승차거부 양태를 보면서 택시운송사업이 면허업이라고 할 수 없을 정도로 너무나 실망스러웠다. 허위로 예약등을 켜 놓은 상태에서 도로를 빙빙 돌아다니면서 돈 될 만한 장거리 승객만 골라 태우고, 거기에다가 택시표시등을 임의로 작동하기 위해 수동스위치를 설치해놓고 입맛에 맞는 승객만 골라 태우는 행위 등은 잠재적 승차거부로 취급하여 엄중하게 단속하여 관할 처분청에 엄정한 처분을 요구하고 있다.

　물론 승차거부나 부당요금 징수 같은 건에 대해 처분권이 자치구에서 서울시로 환수되어 엄정한 법집행을 담보할 수 있어 택시 서비스 수준 개선에 기여할 것으로 보고 있다.

　택시요금 인상과 같은 유인책으로는 제대로 된 운송서비스 수준을 담보하기는 쉽지 않다. 그에 못지않은 강력한 규제가 수반되어야 한다. 그렇게 한다 해도 서비스 개선을 담보하기에는 한계가 있을 수밖에 없다.

　제일 확실한 방안은 현재 쟁점화되고 있는 부분적인 "카풀" 서비스 도입과 같은 택시독점을 깨트려주는 것일 수 있다. 물론 택시종사자생계와 관련된 사안으로 신중한 접근이 필요하지만……

그렇지만 매년 12월 혹한이 맹위를 떨치는 심야시간에 수백명의 단속공무원과 일반직원들을 거리로 내몰아서 승차거부 하는 택시를 적발토록 하는 교통지도과장의 입장에서는 이런 행위가 어떤 의미를 가질까 많은 생각을 하게끔 하였다.

승차거부 단속현장은 전쟁터와 같다. 택시기사가 승차거부행위를 부인하는 과정에 맨 처음에는 큰 소리를 내며 허위주장을 펼치다가도 종국에는 단속공무원들을 향해 갖은 심한 욕설을 쏟아내어 단속 예기를 꺾어버리려고 하지를 않나 심지어는 신체적 위해를 가하기도 한다.

가끔 현장에서 단속공무원들이 그런 아픔을 슬기롭게 넘어가는 장면들을 볼 때마다 역시 "프로"들이구나 하는 생각을 하면서도 연세가 60이 넘으신 분들이 그런 듣지 않아야 할 욕설들을 들어가면서까지 단속업무를 하는 것에 대해 측은하기도 하고 때론 존경스럽기도 하였다. 단속현장에서 만난 어떤 단속공무원이 나에게 한 말이 지금도 뇌리에 생생하다. "월급은 욕 얻어 먹는 데 대한 값(보상)이다."

허위로 예약등과 빈차표시등을 켜고는 도로를 배회운행하면서 입맛에 맞는 승객들을 상습적으로 골라 태우는 수많은 택시들을 보면 교통지도과에서 하는 승차거부단속 행위가 "언 발에 오줌 누기"아닌가 하는 식의 자괴감을 많이 느꼈었다. 그럼에도 불구하고 교통지도역량을 총결집해서 승차거부와의 전쟁을 벌이기는 하였지만 연말 내내 앞에서 언급했던 그 꺼림직함은 떨쳐버릴 수가 없었다.

매일 승차거부를 단속하지만 개선되는 것 같지가 않다. 오늘보다 내일이 더 좋아져야 하는데 '18년 연말 택시 승차거부 단속 실적만 봐도 그렇하지 않는 것으로 분석되었다. 2017년 동기대비해서 결코 승차거부 단속실적이 감소하지 않는 것으로 분석되었다. 작년보다 60명 정도 감소된 단속인력이 투입되었음에도 승차거부 단속실적은 전년과 비교해서 조금 낮은 것으로 나타났다. 투입된 단속인력 감소율에 비해 단속건수 감소율이 훨씬 작은 것으로 나타난 것인데… 결과적으로 작년('17년)에 비해 단속건수가 증가하였다고 해석할 수 있는 것이다.

택시요금을 인상한다고 하면서 택시업계에서 자정결의도 하고 하는 상황에서 결과적으로 승차거부 단속건수가 늘었다는 것이 의미하는 것은 무엇일까? 모두가 의미 있게 생각해 봐야 할 사항이다.

엄동설한의 심야에 승차거부 단속현장에서 느꼈던 소회를 말하자면 승차거부를 해소하는 가장 확실한 방법은 택시운송사업의 독점구조를 깨트려줘야 한다는 것이다. 경쟁체제를 갖추어야 서비스수준이 높아진다는 것은 진리이다.

사실 택시요금인상과 연계하여 독점구조 깨트리기가 함께 논의되어야 할 것이다. 그 과정에 이해당사자가 상생할 수 있는 대안들을 모색해야 할 것이다. 정부나 시의 각종 택시업계 지원정책도 독점 깨트리기와 연계하여 검토하는 것이 마땅할 것이다. 중앙정부나 지방자치단체에서 매년 엄청난 규모의 유가보조금 지원, 부가가치세 환급 등의 세제혜택, 택시카드수수료 지원 등을 택시업계에 제공하고 있는 현실을 고려할 때 택시운송업은 상당 수준 공공재적 성격을 띠고 있다. 요금인상은 택시 서비스 수준 제고를 전제로 하여야 한다.

그 외에도 단속체계를 고도화하여 명의이용택시(도급택시)와 같은 고질적인 불법경영 행태를 근절시키는 것이 어찌 보면 확실한 승차거부 해소 대책이 아닐까 싶다. 도급택시 기사들이 상습적으로 승차거부 등 불법행위를 자행할 것은 자명한 이치이기 때문이다. 그들은 택시회사로부터 정상적인 직무교육과 감독을 벗어나서 짧은 시간에 고수익을 창출하고 싶어 하기 때문에 일반 택시운전자보다 체계적이고 교묘하게 일탈행위를 자행할 것은 자명할 것이다.

승차거부에 해당하는 사례

✓택시가 승객 앞에 정차하여 행선지를 물은 후 승차시키지 않고 출발하는
  행위
✓빈차등을 끄거나 고의로 예약등을 켜고 승객을 골라 태우는 행위
✓행선지를 물은 후 단거리라고 승차시키지 않은 행위
✓행선지를 물은 후 유턴할 수 없다며 건너가서 타라고 하는 행위
✓승객이 밝힌 행선지와 반대로 간다며 승차를 거부하는 행위
✓택시호출에 응하고도 오지 않거나 못 간다고 핑계를 대는 행위
✓택시호출 시 요청한 목적지가 탑승 후 변경됐을 때 해당 승객을 하차시키
  는 행위(당초의 예약 목적지가 변경되어도 승객을 목적지까지 모셔야 함)
✓회차 가능한 골목임에도 들어가지 않고 여객을 강제 하차시키는 행위
✓일행이 승차한 후 각각 하차지점이 다른 경우, 선 하차지점에서 일행을
  모두 하차시키는 행위
✓승차 후 미터기요금 외 추가 요금을 요구하고 거부한 승객을 하차시키는
  행위 등

승차거부 신고요령

① 예약등을 켜고 서행하면서 승객을 골라 태우고 있을 때
  ⇒ 스마트 폰을 활용하여 위반정황 촬영 후 120에 신고
② 택시 승차하여 목적지를 말하고 승차거부 하는 경우 등
  ⇒ 승차거부가 의심스러운 경우 승차전 동영상 촬영 또는 녹음 준비해서
    증거 확보 후 120에 신고
※ 증거자료는 메일로 송부 (taxi120@seoul.go.kr)

승차거부가 아닌 사례

✓서울면허택시가 분당, 일산 등 서울 외 지역으로의 운행을 거부하는 경우 (통합사업구역인 광명시, 위례신도시, 인천공항, 김포공항은 제외)

✓서울시내에서 경기면허택시가 서울로 가는 승객을 탑승시키지 않는 경우

✓승객이 교통사고 위험이 있는 주행차로를 막고 막무가내로 승차하려는 행위(해당 주행차로의 차량 통행이 진행되고 있는 경우)

✓행선지를 말 못할 정도로 만취상태인 승객의 탑승을 거부하는 행위

✓운전자에게 위해가 되거나 혐오감을 주는 물건 등을 소지한 승객을 탑승 시키지 않는 행위

✓순서대로 탑승하는 승강장에서 앞차를 탈 것을 요구하는 경우

✓케이지에 들어 있지 않은 애완동물과 동승하는 승객의 탑승을 거부하는 행위

✓교대시간임을 공지하고 1시간 이내에 차고지에 입고한 경우 등

7

택시의 서비스 수준은?

택시는 교통수단분담율이 한 자리 수인 5%내외의 미미한 수준인 반면 "택시"자체가 갖는 사회적 의미는 미미한 분담율 이상으로 시민들에게 큰 영향을 끼치고 있다. 연중 언론에 회자되는 "승차거부", "불친절", 연말이면 특히 서울전체가 택시 승차거부 문제로 들썩일 정도로 사회이슈화 되어 더욱 부각되고 있는 실정이다. 연말이면 서울뿐만 아니라 아마 전국이 택시 승차거부 문제로 골머리를 앓고 있는 상황이다.

택시운송업은 면허사업임에도 불구하고 과거의 잘못된 여러 인식들이 혼재되어 현재까지 내려오면서 시민의 눈높이에 걸맞는 선진화된 택시서비스 수준에 이르기까지는 요원한 것 같다. 택시운전자들의 위상이 과거와 비교해서 많이 낮아진 것이 사실이다. 예전에 스마트폰이 보급되기 전에 운전자들은 오피니언 리더의 역할을 톡톡히 담당하였었다. 지금은 대다수의 승객들이 스마트폰 탐색에 열중하는 관계로 택시운전자와의 대화에 부정적인 모습들을 보이고 있다. 예전에는 택시 승객과 함께 인생사나 소소한 생활이야기 또는 사회문제들에 대해 많은 대화를 나누기도 하였지만 지금은 그런 모습을 목도하거나 경험하는 일이 무척이나 드물어졌다.

택시서비스 수준에 대한 많은 불만 민원을 접하다보면 요즘의 택시운전자와 승객간의 갈등의 폭은 더욱 커지고 있다는 생각을 하게 된다.

특히 택시운전을 기피하는 추세에 따라 제대로 된 택시운전자 모집이 어려워짐에 따라 자질과 소양이 덜 갖춰진 운전자들이 쉽게 택시운전대를 잡는 관계로 불친절 신고가 상대적으로 증가하고 있고 운전자들의 고령화현상이 심각해짐에 따라 운전 순발력 쇠퇴로 인한 교통사고 발생 가능성이 커지게 되었고 직업적 소명의식 부족 등으로 젊은 층 승객과의 갈등의 골이 깊어지고 있는 현상을 쉽게 발견할 수 있다.

현재의 택시운송사업은 고전을 면치 못하고 있다한다. 법인택시회사는 운전자 모집에 어려움을 겪고 있는데 전체 법인택시 소속 차량의 40%가 운전할 사람이 없어 차고지에서 쉬고 있다하고 개인택시 운전자는 심각한 고령화 등을 이유로 심야시간대에는 운행을 기피하고 있어 관련기관이나 시민들로부터 심한 불만을 사고 있는 형편이다.

택시운송업에 몸담은 분들은 어찌 보면 교통전문가라 할 수 있을 것이다. 또한 일반 승용차 운전자들보다 교통법규를 잘 지켜야 할 것이다. 왜냐하면 그들은 택시운전과 같은 운수업을 하면서 생계를 유지하고 있으며 절대적인 운전시간도 훨씬 많기 때문일 것이다. 그럼에도 그들은 도로의 무법자라는 불명예스러운 호칭을 듣고 있다.

앞에서도 언급했듯이 택시서비스는 공공재적 성격이 강하다. 그래서 이론상으로는 택시를 운전하는 분들도 일반 사적재화를 공급하는 분들에 비해 보다 강한 프로정신이 필요하다고 보아야 한다.

어찌됐든 개인택시 1대의 T/O값이 1억 원을 호가하고 서울시 재원으로 택시요금 카드수수료나 통신료를 매년 175억 원 지원해주고 있는 등 제반 여건을 보면 어느 정도 수긍할 것이다. 물론 요즘 카풀서비스 도입 논란 등에 따라 T/O값이 많이 떨어졌다고는 한다.

그러면 교통질서 측면에서도 택시운전자는 일반 승용차 운전자보다 더욱 높은 소양과 질서의식을 가져야 할 것이다. 그런데 일반 시민들의 택시기사에 대한 인식은 사뭇 다르다는 것이 놀랍다.

직업의식이 조금이라도 있으면 나타나지 않을 승차거부, 불친절 등은 그만 두더라도 주차나 정차도 허용하지 않는 횡단보도에서 장시간 주차하면서 승객 기다리기, 버스전용차로에서 장시간 정차하기, 버스정류소에서 장시간 주차로 보행자나 버스이용객들의 안전을 백안시하는 듯한 모습들을 자주 목격하곤 한다.

택시운전자들은 어쩔 수 없다는 논리를 말한다. 택시종사자들도 교통법규를 모두 준수하면서 운전하고 싶다고 하면서 택시요금이 낮기 때문에 승차거부도 불가피하게 할 수 밖에 없으며 승객을 확보하기 위해 횡단보도나 정류소에서 승객을 기다릴 수밖에 없다는 것이다.

많은 운전자들이 택시요금이 낮은 수준인데다 고액의 사납금을 채우기 위해 어쩔 수 없이 교통법규 위반과 같은 불법행위를 할 수 밖에 없다고들 한다. 관련 법규를 모두 준수하면서 택시영업을 운행하는 게 어렵다고 항변하면서 단속을 탓하고 있는 형편이다. 무리한 단속으로 억울한 택시기사가 발생한다고 항의하기 일쑤이다.

택시요금수준이 낮기 때문에 친절도를 담보할 수 없고, 단거리 승객에 대해서는 때론 승차거부가 어쩔 수 없고, 서울에 익숙하지 않은 외국관광객대상으로는 부당요금 징수 등이 불가피하다는… 이러한 택시관계자들의 프레임은 설득력이 떨어질 수밖에 없다.

현장단속에서 적발되거나 시민신고 민원이 제기된 택시운전자들이 단속 및 조사부서 기관인 서울시를 방문해서 거세게 항의하는 장면을 자주 목격하곤 했는데 처분청인 구청소속 직원들에 대해 어떻게 대할지는 쉽게 상상할 수 있을 것이다. 구청장들이 여객운수사업법 등의 관련규정을 토대로 위반정도 등 여러 사항을 고려하여 엄정한 처분을 하여야 함에도 불구하고 여러 이유로 그러하지 못한 것이 현실이다.

주민복지나 경제 활성화 등과 관련한 분야에는 단체장들의 관심이 집중되고 있어 많은 우수한 직원들이 배치되나 상대적으로 관심이 적은 규제분야에는 적은 인원에다 그렇게 우수하지 못한 직원들이 주로 배치되기 쉽다. 갓 임용된 신규공무원이나 규제관련 소양이나 업무에 대한 열정이 상대적으로 적은 직원들 위주로 배치되는 관계로 제대로 된 처분조치가 쉽지 않은 측면이 있다.

택시서비스 수준 상승을 위해서는 적정 수준으로의 택시요금 인상과 택시운행규모를 줄이기 위한 감차와 같은 구조조정 등 제도적 개선이 시급한 것이 사실이다. 현재 서울에는 택시 7만

대가 운행중인데 수요보다 공급이 많다는 것이다. 그것도 낮에는 택시가 너무 많이 돌아다니고 상대적으로 더 많이 필요한 밤에는 적게 운행하는 것도 문제다.

택시 수급불균형을 어떻게 해결해야 할 것인지? 우리 모두의 지혜를 모아야 할 것이다. 특정시간대 택시공급 부족을 해소하는 방안으로 외부 자원을 활용하는 방안 등 독점구조를 해소하는 방안이 적극 검토되어야 할 것이다.

요즘 논란이 일고 있는 카풀서비스 도입도 하나의 방법이 될 것이다. 택시업계 전체의 충격을 완화하면서 택시업계 스스로 해결하지 못하는 것에 대해서는 외부자원을 제한적으로 활용하는 것이 일반 시민이나 택시업계 모두의 이익을 보호할 수 있는 현묘한 해법이 되지 않을까 싶다. 약간의 경쟁체제 도입은 기존의 독점적 영업에 익숙해 있는 택시업계에 신선한 충격을 줄 수 있을 것이다.

그렇게 되면 택시 서비스 수준도 높아지면서 더 많은 승객의 택시로의 이동을 가져올 수 있을 것이다. 지금처럼 대중교통 운행이 종료된 경우와 같이 승객의 선택권이 제한된 상황에서 어쩔 수 없이 택시를 이용하는 패턴이 바뀔 것이다. 그렇지 않은 경우에도 택시를 이용하는 승객들이 늘어날 것이다.

앞에서도 언급했듯이 승객들이 제기한 민원들을 처리하다보면 서울의 택시운전자들이 제공하는 택시서비스 수준이 글로벌 도시 서울의 위상에 못 미치고 있다는 사실을 실감하게 해준다. 개탄스러운 마음이 들기도 하나 사실 서울에만 택시운전자가 8만 명이나 되니 이해할 만도 하다. 너무 많고 독점적이기 때문에 그 피해를 오롯이 시민들이 보게 되는 구조가 빨리 개선되었으면 하는 바람을 가져본다.

8

명의이용택시 단속 – 압수수색 영장을 청구하다!

압수수색영장 청구! 교통지도과가 창설된 이래 처음이다. 여객자동차사업법의 규제를 받는 택시를 포함한 사업용 차량은 명의이용금지 의무를 준수하여야 하는데 이를 위반한 경우에는 해당 운수사업자의 면허를 취소할 수 있을 정도로 큰 범죄에 해당된다.

택시회사들은 택시를 운행할 운전자들을 확보하기가 어려워 보유택시의 60%만 운행하고 나머지는 차고지에 묵혀두고 있다고들 한다. 그로 인한 영업 손실을 최소화하기 위해 많은 운수사업자들이 불법인 줄 알면서도 암암리에 명의이용택시, 일명 도급택시를 운영하고 있다는 이야기들이 비공식적으로 업계에 파다한 것이 사실인데, 요즘은 도급받아 운행하는 명의이용택시(일명 도급택시) 운전자들도 운전자격증 보유, 4대 보험 가입 등으로 외양상으로는 도급택시 여부를 확인할 수 없다고 한다.

지난 2010년도에 김 모 주무관과 같은 탁월한 한 직원의 역량으로 대량의 도급택시를 단속한 사례가 있었으나 체계적으로 도급택시단속반을 운영하면서 압수수색 영장을 발급받게 된 것은 이번이 처음이었다. 이는 교통지도과가 지금까지 추진해 온 단속체계 고도화와 조직경쟁력 제고의 화룡점정이라 할 수 있는 쾌거라 할 수 있다.

택시 서비스 수준을 한 단계 끌어올리기 위해서는 두 가지 단속전략이 필요한데, 첫째는 과거에 주로 해왔던 운수종사자들의 불법행위를 현장에서 제대로 단속하여 엄정한 처분을 하는 것이다. 그러나 이는 7만 여 대의 택시와 8만여 명의 운수종사자 수를 생각할 때 쉽지 않다.

둘째는 보다 효과적인 방법으로 운수사업자의 불법경영을 제대로 단속하여 엄정하게 처분하는 것인데 이 방법이 상대적으로 택시 서비스 수준을 획기적으로 끌어 올릴 수 있다고 생각한다. 두 번째 전략의 핵심이면서 단속하기 어려운 것이 도급택시를 단속하는 것이다.

택시운송업은 크게 법인택시와 개인택시로 구분되는데 서울에는 254개의 법인택시 23천여 대(운수종사자 32천여 명)와 개인택시 운수사업자가 운영하는 49천여 대, 총 72천여 대의 면허택시가 운영 중에 있다.

2018년 1월에 전직 경찰 출신 2명과 회계에 정통한 1명의 단속공무원으로 『교통사법경찰반』을 창설하였는데 2~3개월간의 현장 및 자료조사를 통해 도급택시를 운영하고 있는 것으로 의심이 가는 "ㄷ"택시업체 본사와 현장사무실에 대해 검사(중앙지검)의 지휘를 받아 관할 법원에 압수수색영장을 청구하여 4건을 발급받게 되었으며 지난 3월 말경에 현장에서 집행하게 되었다. 도급택시 운영자를 현장에서 인신구속(체포)하여 교통지도과 사무실에서 심층조사를 한 바 있으며 그 후에도 불구속상태에서 여러차례 조사한 바 있다.

　그 후에 조직을 6명까지 확대하였으며 다수의 도급택시 운영 의심 회사 등에 대해 집중 조사를 한 결과, 법원으로 부터 압수수색영장을 발부받아 명의이용 택시에 대해 관련 자료를 압수하여 심층조사 한 후 검찰에 기소의견으로 송치하여 조만간 법원에 기소할 예정인 사건도 다수 있는 것으로 확인되었다.

9

택시 승차정원 – 영유아도 성인과 같은 1인!

　모든 차량은 승차정원이 있다. 마찬가지로 택시도 승차정원
이 있다. 중형택시는 운전자를 포함하여 5명까지 탑승할 수 있
다. 승차정원을 초과한 경우에는 경찰의 단속대상이 될 수 있고
더군다나 교통사고가 발생할 경우에 불이익을 받을 수가 있기
때문에 승차정원은 아주 중요한 기준이 될 수 있다.

　그래서 가끔은 승차정원이 승차거부 판단의 중요 기준이 되
고 있다. 만약 5명이 택시에 타려는데 택시운전자가 타지 못하
게 하는 경우에는 승차거부가 아니다. 그런데 만약 한 부부가 3
명의 영유아를 품에 안고 택시에 타려는 경우에 택시운전자가
승차 거부를 할 수 있는가가 논란이 되었던 적이 있었다.

　이 경우에 결론부터 말하면 두 대의 택시를 이용하여야 하거

나 아니면 대형택시를 이용하여야 한다. 택시관련 법령유권해석기관인 국토교통부에서도 13세 미만의 영유아도 승차정원 1인으로 보고 있기 때문이다. 그리고 안전을 강조한다면 영유아도 당연히 1인으로 보아야 할 것이다. 그리하여 택시에도 영아가 탔을 경우를 대비하여 가능하다면 카시트를 비치하여야 할 것이다. 지난해('18년)부터 고속도로뿐만 아니라 도심에서도 전 좌석 안전벨트 착용이 의무화되었기 때문에 택시도 예외일 수가 없다. 그러나 현실적으로 쉽지 않을 것이다.

논란이 발생한 경과를 먼저 설명하면 이랬다. 언론인들의 감각은 참으로 대단한 것 같다. 택시 승차정원이 갖는 사회적 의미 즉, 시민생활과 밀접한 관계가 있기 때문에 아주 주의 깊게 지켜봤던 것 같다.

모 일간지 기자가 교통지도과에서 국토교통부로 질의한 공문 내용을 열람하였던 것이다. 내용인 즉, 13세 미만 영유아를 성인과 같은 승차정원 1인으로 보아야 하는지? 아니면 이전과 같이 영유아 1.5인을 승차정원 1인으로 보아야 하는지였다. 이에 대해 국토교통부에서는 영유아도 성인 1명과 같은 승차정원으로 봐야한다고 회신하였는데 이것이 논란의 시발이 되었다.

이전까지는 도로교통법이나 여객자동차운수사업법상 영유아의 승차정원 규정이 없어 『자동차 및 자동차부품의 성능과 기준에 관한 규칙』제2조제2호의 "13세 미만의 자는 1.5인을 승차정원 1인으로 본다."라고 규정된 부분을 준용하였는데 이에 따라 부모 2명과 영유아 3명이 한 차에 함께 탈수가 있었는데 국토교통부 회신공문에 따르면 한 차에 탈 수가 없게 된 것이다.

그래서 영향력 있는 모일간지에 아주 자극적인 제목의 기사가 실리게 되었다. 서울시, "어른 2·아이 3명 한 택시에 못 탄다." 그러자 방송3사에서도 서로 경쟁하듯이 "어른 2명·어린이 3명 택시 정원초과"를 타이틀로 해서 방송을 쏟아냈다. 나도 방송인터뷰를 짧게 했다. "안전을 고려해서 국토부 회신 내용이 당연하다."는 것으로……

방송과 일간지에서 도배를 해대니 어떠했겠는가? 사실 승차거부 판단의 기준으로만 활용할 것이기 때문에 언론들의 우려와 같은 일들이 일상적으로 발생하지 않을 것임에도 불구하고 국토부의 회신내용이나 서울시의 판단이 비상식적이라는 비판이 시청 내·외부에서 일기 시작했다.

다둥이 가정 우대나 출산장려정책에 부합되지 않는다는 것이다. 나 자신도 상당히 혼란스러웠다. 방송사 인터뷰에서도 언급했듯이 이제는 안전이 최우선해야 할 목표인데… 다둥이가정 우대정책이나 출산율 제고를 위해 안전을 소홀히 해야 한다는 말인가? 그래도 어쩌겠는가? 내외부에서 비판의 목소리가 나오니 말이다. 택시관련 교통사고가 의외로 많이 발생하고 있다. 교통안전공단 자료에 따르면 서울에서만 5개월간('17.6.~10.) 택시사고로 인해 11명이 사망(부상 4,053명)하는 것으로 나타났다. 택시 승객의 안전 특히, 영유아의 안전을 위해 택시에 카시트까지 준비해야 할 형편인데 영아를 포함하여 어린아이들이 많이 타는 것을 상상해보자! 아이들이 떠들고 울고 하면 운전자가 안전운전에도 방해가 될 뿐만 아니라 불의의 교통사고가 발생하면 얼마나 비극적인 일인가?

○ 서울 택시 교통사고 현황

〈단위 : 명〉

구분	계	법인택시	개인택시
사망	11	7	4
부상	4,053	3,151	902

※기간 : '17.6.~10.(5개월간)　　※출처 : 교통안전공단

그래서 전문가 회의도 개최하기도 하고 해외사례도 조사해서 연구를 해봤지만 난감하게도 뾰족한 대안이 없었다. 해외에서도 안전을 고려하여 영유아를 성인과 같은 승차정원 1인으로 대우하고 있는 추세였기 때문이다.

10

일부 택시운전자의 위법, 불친절 행위

택시기사들의 불친절행위가 다른 위반행위보다 상대적으로 급증하고 있다. 2016년부터 택시운송사업 발전에 관한법률 시행으로 승차거부나 부당요금 징수로 3회 적발될 경우 택시운전 자격이 박탈될 뿐만 아니라 과태료 수준도 상향조정되어 1회 처분 시 20만원, 2회 처분 시 40만원, 3회 처분 시 60만원을 부담하게 되었다. 회사택시의 경우에는 감차까지도 해야 할 형편이다.

강화된 행정처분으로 인해 승차거부 민원은 감소추세에 있는 것으로 나타나고 있다. 대신에 택시기사들이 마지못해 승객을 탑승시킨 후 승객에게 불쾌감을 표출하는 "불친절" 민원은 증가하는 추세다. 불친절행위가 법적인 처분이 가능하게 되려면 첫째 욕설이나 인신모욕적 발언(성희롱 등) 등이 있어야 하며 둘째 동영상이나 녹음파일 같은 명확한 증거자료가 구비되어야 한다. 그런데 대부분의 불친절민원 신고는 증거자료가 구비되어 있지 않아 제대로 처분하지 못하고 있는 현실이다.

김포공항이나 인천공항에서는 택시승차대가 설치되어 있어서 택시들이 길게 줄을 서서 승객들을 기다리는 구조여서 택시기사들의 입장에서는 오랜 시간 기다려서 태우는 손님이라 마음속으로는 돈이 되는, 즉 장거리를 가는 승객을 태우고 싶은 마음이 간절하나 그 꿈을 무산시키는 단거리 이동 손님이 타는 경우에는 얼굴이 구겨질 수밖에 없을 것이다. 이 경우에 어쩔 수 없이 태웠으니 그 불만을 누구에게 표출하겠는가? 애꿎은 운전대나 허공, 심지어는 승객들이 그 분풀이 대상이 될 것이다.

사실 나 같은 경우도 웬만하면 택시를 타지 않는다. 과거에 택시를 탔을 때 느꼈던 불쾌감이 너무나 강해서 일 것이다. 요즘 초등학생 1학년인 둘째 아들이 어린이집 방과후반에 있다가 나와 함께 하원할 때 피곤해서 택시타자고 조르는 경우에 마지못해 택시를 타고 다니는 경우는 있지만 그 외에는 대중교통을 이용하거나 걸어서 집에 가곤 한다.

택시기사 분들의 관련 위반행위는 다양한데 그중 도덕적 해이와 겹쳐 심각한 것이 평상시에도 복잡한 택시요금 시스템을 모르는 승객들을 대상으로 20% 할증 요금을 받는 것이다. 특히 국내 택시요금 체계를 모르는 외국인 관광객들을 대상으로 인천공항이나 김포공항에서 서울로 들어올 때 거의 모든 택시가 20% 할증을 누르고 운행하는 것으로 추정하고 있다. 서울시민들도 잘 모를 것이다. 공항(김포, 인천)은 서울 택시가 영업할 수 있는 구역(공동영업구역)으로 평상시에 20% 할증요금을 부과해서는 안된다.

문제는 그러한 나쁜 행태가 택시운전자만의 잘못은 아니라는 것이다. 택시요금 영수증에도 총 금액만 나타나고 세부 구성내역은 표기되지 않아 위법행위를 조장하고 있다 할 것이다. 20% 할증 요금을 받아서는 안 되는 경우에도 많은 운전자들이 똑같은 반응을 보인다. "할증버튼을 잘못해서 실수로 눌렀다."

그 다음으로는 위반사실 입증이 어려워 승객이 신고를 해도 처분청에서 처분하기 어려운 불친절 행위들을 교묘하게 자행하는 택시운전자들이다. 운전하면서 쌓이는 스트레스를 푸는 하나의 방식으로 승객들을 이용하는 것인데 승객들을 봐가면서 여성을 상대로는 성희롱이나 음담패설 등을 하면서 은근히 성적욕구를 발산하기도 하고 젊은 승객들이 약간 말실수를 하면 "장유유서도 모르는" "니네 부모에게도 이렇게 함부로 하느냐" 등 서비스업 종사자로서 부적절한 반응과 응대를 하는 경향도 보이고 있다.

서울의 택시요금체계를 잘 모르는 외국인관광객을 대상으로 전문적으로 바가지요금을 씌우는 운전자들도 있다. 그들은 내국인을 대상으로 영업을 하지 않고 오로지 외국인만을 대상으로 택시영업을 하고 있는데 웬만한 외국어는 거의 구사가 가능하고 그 수준도 탁월한 편이다. 공항에서 도심으로 아니면 그 반대의 경우에 20%할증 요금을 받는 것이 일상화된 것으로 추정되며 그 외 여러 유형의 부당요금 사례가 발생하고 있다.

도심에서 가까운 거리(예: 두타 ⇒ 명동)를 이동하는데 보통은 3~4천원 요금수준인데 1인당 1만원씩 현금으로 받는 경우, 공항에서 도심 호텔 등으로 이동시 미터요금보다 3~4만원을 추가하여 받는 경우, 방송보도 등에 가끔 나오는 수십만 원을 받는 날강도 같은 경우 등이 있다. 최근에는 단속활동이 강화되어 수십만 원의 바가지를 씌우는 택시기사들은 발견하기기 어렵게 되었다.

이들의 특징은 대부분 뒤탈을 염려하여 요금지불수단을 현금으로만 요구하는 경향이 있다. 그래서 바가지를 크게 씌우는 경우에는 카드단말기가 고장났다고 하면서 일부러 코드를 몰래 뽑아버리고 운행하는 경우도 있다고 한다.

예전에 단속된 사례 중 기억에 남는 건이 있는데 가짜 택시요금 미터기를 설치해놓고는 임의로 거액의 요금이 찍히도록 조작하여 외국인 관광객에게 보여주고 바가지를 씌운 사례도 있었는데 이에 대해서는 담당 전문관이 사기혐의로 경찰에 정식으로 수사의뢰 한 바 있었다.

요즘은 부당요금도 승차거부와 마찬가지로 3진 아웃제가 적용되고 있어서 큰 건의 바가지는 많지 않고 대부분이 표가 안 나게끔 20% 할증을 몰래 누르고 다니면서 안정적으로 부당요금을 씌우는 게 관행적으로 이루어지고 있는 것으로 단속적발 결과가 이를 보여주고 있다.

여기서 설명하고 있는 내용들은 일부 극소수의 몰지각한 운수종사자들이 야기하는 문제라고 생각한다. 대다수의 택시운전자들은 선량하고 운수사업법과 도로교통법 등 관련 법령을 성실히 준수하면서 운행하고 있다고 생각하고 있다. 또한 요즘 운행도중 취객으로부터 구타를 당하거나 심지어 폭행으로 사망까지 이르는 택시운전자관련 뉴스는 택시운전자가 얼마나 취약한 환경에서 운행을 하고 있는지를 알려주는 것으로 택시업계의 운전자 보호대책 마련이 절실하다 할 것이다.

11

외국인관광객 대상 택시부당요금 단속!

외국인들이 대한민국을 방문할 때 처음 대하는 사람들은 택시운전자일 것이다. 공항에서 택시를 타고 서울도심의 호텔 등으로 이동할 때 택시기사들은 부당요금을 징수하기 일쑤인데 이는 대한민국의 명예를 훼손시키는 아주 나쁜 범죄행위로서 어떠한 방법으로든 단속하여 그에 상응하는 조치를 취해야 할 것이다.

무엇보다 효율적인 단속방법을 모색하는 과정에 숱한 시행착오를 겪기도 하였는데 제일 먼저 일단 부딪혀보자는 심산으로 부당요금 가능성이 예상되는 택시를 현장에서 추격해 보는 것으로부터 시작했다. 공항이나 호텔, 쇼핑몰 등에서 외국인이 택시에 승차하기 전에 협상하는 장면이 목격되면 목적지까지 추적하여 현장에서 적발하는 방법이다.

한번은 동대문 두타에서 담당직원분과 함께 외국인관광객으로 추정되는 분이 승차한 택시를 추격하기로 하고 단속용 차량 안에서 기다렸다. 마침 외국인과 택시기사가 짧은 시간 대화를 나눈 뒤 승차하는 장면을 목격하고 당해 택시를 추적하기 시작했다. 내가 직접 운전하면서 여의도까지는 간신히 추격을 할 수 있었는데 그 이후로는 택시기사가 눈치를 챘는지 어찌나 빠르게 운행해서 도저히 따라 잡을 수가 없었다.

아찔아찔한 추격전과정에 교통사고 발생의 위험성까지도 느끼면서 이런 위험한 추격으로는 적발하기가 어렵겠다는 생각을 하면서 보다 안전하면서도 효과적인 방법을 탐색하게 되었다.

그 다음으로는 요주의 대상 택시운전자 리스트를 확보한 후 공항과 주요 호텔 등에 단속공무원을 분산 배치하였다. 공항에서 근무 중인 단속반원이 승객을 가장하여 택시를 기다리는 외국인관광객들 사이에 끼여서 택시기사와 승객이 나누는 대화를 탐지하여 목적지를 인지한 다음 그 정보를 도심에서 대기 중인 단속원들에게 알려주어 호텔 등 도착지에서 부당요금 징수 등 관련법규 위반여부를 확인하여 단속하는 것이다.

이 방법도 처음에는 상당히 효과적인 방법으로 모 신문사에서 "바가지요금 택시 잡는 암행어사"라는 제목으로 그 활동상을 보도하기도 하였다.

현재는 주요호텔 등에서 잠복하다가 외국인관광객이 택시에서 하차하는 경우 승객인터뷰를 통해 위반사실여부를 확인한 후 제반 상황을 정사진이나 동영상으로 확보하고 추후에 운수종사자를 사무실로 불러들여 확인서를 징구하는 방식으로 현장단속과 조사를 진행하고 처분 부서인 서울시 택시물류과에 처분 의뢰하는 순서로 일을 진행하고 있다.

한발 더 나아가서 상습위반자에 대해서는 블랙리스트를 작성하여 의심나는 택시에 단속공무원이 승객을 가장하여 탑승한 후 부당요금을 요구하는 경우에 현장에서 적발하여 단속하는 미스터리샤퍼 기법도 활용하고 있다.

앞으로는 경찰과 함께 공항 등에서 조직적으로 승객을 호객하고 부당요금을 받는 조직화된 꾼들에 대한 전략적인 단속을 추진해야 한다.

단속반원 중 일부는 외국어가 능통하고 한국 실정에 정통한 다문화가정 출신의 여성들로 구성되어 있다. 몇 분 되지는 않지만 요즘과 같이 일자리 구하기 힘든 상황에서 시간선택제 임기제 공무원이 되어 서울의 명예를 지키는 일을 훌륭하게 수행할 뿐만 아니라 가정경제에도 기여하고 있어 모두들 자랑스럽게 생각하고 있는 것으로 알고 있다.

다문화가정 출신을 채용하자는 아이디어는 서울시에서 다문화가정을 지원하는 다양한 정책방향을 인지한 당시 인사담당 주무관이 제안하여 채용하게 되었는데 지금 생각해봐도 아주 잘한 일이었다.

현재 하루에 평균 두 건 이상씩 부당요금 단속이 이루어지고 있는데 그 유형을 보면 첫째, 인천이나 김포공항에서 서울 도심으로 이동하는 과정에 20%의 시계할증요금을 받는 부당행위가 광범위하게 이루어지고 있으며, 둘째 명동이나 동대문상가 등 주요 쇼핑몰에서 호텔까지 짧은 거리를 이동하는데 2만원이나 3만원을 부당하게 받는 행위가 자주 발생하고 있다. 그 외에 공항에서 조직적으로 호객하여 수 만원에서 심지어 수 십 만원까지 부당하게 요금을 받는 불한당 같은 자가용유상운송행위도 발생하고 있는 게 현실이다.

외국인관광객 대상 바가지를 씌우는 택시를 대상으로 전담단속반을 구성한 것은 2015년 8월부터 이지만 실질적인 운영은 2016년 8월부터 본격화되었다.

특히 행정기관의 지도 점검이 취약한 금요일 심야부터 토, 일요일 및 공휴일 새벽시간대에 도심호텔과 특히 외국인관광객의 부당요금징수가 빈번한 인천국제공항 출국장 앞에서 새벽 1시부터 오전 7시까지 암행 점검을 반복하는 등 부당요금 근절을 위한 집중 기획단속을 수시로 실시하고 있다.

바가지요금에 대한 단속활동이 본격화되면서 그 성과가 나타나기 시작했다. 외국인관광객대상 택시부당요금 단속반 운영 1년차인 2016년과 2년차인 2017년을 비교한 바 있었다. 1년차에서 2년차로 넘어가면서 부당요금이 소액단위로 줄어드는 추세를 보이는 것으로 분석됐다.

도심 ⇔ 호텔간 부당요금징수 건당 요금은 평균 약 5만원에서 2만원으로 줄어들었고, 인천공항 ⇔ 도심호텔 간은 약 8만5천 원에서 7만 원대로 줄어든 것으로 나타났다.

택시 부당요금 액수 변화 비교

○ 도심 ⇔ 호텔 ※ 정상요금 4~6천원(동대문 ↔ 명동, 용산 기준)

2015.8.~2016.7(1년)		2016.8.~ 2017.3(8개월)	
건수	금액	건수	금액
46	2,249,700원	33	721,000원
1건당 평균 48,900원		1건당 평균 21,800원	

○ 인천공항 ⇔ 도심호텔 ※ 정상요금 약 5만 5천원(통행료 포함, 인천공항 → 서울 중구권 기준)

2015.8.~2016.7(1년)		2016.8.~ 2017.3(8개월)	
건수	금액	건수	금액
51	4,318,380원	34	2,342,100원
1건당 평균 84,600원		1건당 평균 68,800원	

외국인관광객을 대상으로 전문적으로 바가지요금을 씌우는 택시기사들이 많이 조심하는 것으로 추정된다. 단속되면 잘못하면 3진 아웃될 수도 있기 때문이다. 그래서 바가지요금에서 소액의 부당요금으로 바뀌어 가고 있다.

소액 부당요금은 실수를 가장해서 20%할증 버튼을 임의로 누르는 경우, 손님으로부터 1만원권이나 5만원권을 받아서는 잔돈이 없다거나 아니면 강제로 잔돈을 돌려주지 않는 경우 등 다양하게 발생하고 있다.

승객에게 미터기상의 요금 외에 소액이라도 돈을 더 요구하여 받는 것은 바가지는 아닐지 모르지만 부당요금으로 3회 적발 시 삼진아웃 되는 것이며 승객에게 부당요금을 되돌려줘도 부당요금을 받았던 불법행위가 치유되는 것은 아니다.

단속과정에 우리에게 감동을 주는 훈훈한 사례이면서 무언가 생각하게 하는 사례를 소개하고자 한다. 한 외국인이 인천공항에서 도심의 모 호텔로 이동하는 과정에 택시기사로부터 부당요금을 징수당한 사건이 발생하였는데, 호텔 측 관계자의 신고로 사안을 접한 교통지도과 소속 전문관이 공항 톨게이트에 설치된 CCTV확인 작업 등을 통해 택시차량번호를 특정할 수 있었다. 해당 택시운전자를 사무실로 소환하여 불법행위를 입증한 후 적발하게 되었다.

그 부당요금을 징수한 택시운전자가 조사받는 과정에 약하게 처벌을 받고 싶은 심정에서 부당 징수한 요금만큼을 외국인에게 되돌려주겠다고 해서 단속반원이 돈을 받아서는 피해를 본 외국인관광객이 머무르고 있던 호텔로 찾아가 되돌려주려고 했었다. 그러나 예상과 달리 그 외국관광객은 정중하게 사양하면서 대신 사회복지시설 등에 기부하여 달라는 의사표시를 하였다. 결국 그 돈은 서울시 사회복지공동모금회에 기부하였으며 그는 얼마 지나지 않아 출국하였고 그와 관련된 내용이 모 방송사 메인뉴스를 타기도 했다.

앞으로 단속체계고도화를 더욱 심도있게 추진하여 그런 상습적이고 고질적인 불법영업을 소탕할 수 있는 수준으로 발전하여야 할 것이다. 이 자리를 빌어 단속반을 뿌리내리기 위해 밤낮으로 심혈을 기울여주신 운수지도 2팀장, 김종중 전문관 그리고 함께 하여주신 단속공무원 여러분들께 깊이 감사드리는 바이다.

2부

도전 그리고 변화

1

빅 데이터 기반의 주차단속 정책

화재발생시 인명구조의 골든타임을 확보하기 위한 소방차통행로 확보, 소화전 기능 확보를 위해 주차단속이 필수적인 안전장치로 작동하고 있고 어린이보호구역에서 어린이 교통사고 근절 등 보행약자의 안전을 담보하는 주요 수단으로서 그 의의가 높아지고 있다.

이러한 시민 안전을 위해 주차단속이 필요하다는 인식이 강조되고 있는 반면 현실의 주차단속 정책은 어떠한가? 한마디로 하면 "주차단속 정책은 없다!"이다. 앞서 언급했듯이 공공기관에서 단속공무원을 채용해서 도로에서 발생하는 주차위반 차량에 대해 단속하게 하고 과태료부과하고 그 과정에서 발생하는 민원에 효과적으로 대응하는 정도에서 머무르고 있는 게 우리의 주차단속 정책 수준이라고 할 수 있다.

정책이라고 하면 그것이 목표하는 지향점이 있고, 그 목표를 구체화하는 과제들이 있어야 하며 그 과제의 집행성과를 평가할 수 있는 평가지표가 있어야 한다. 이를 위해 통계자료가 구축되어 있어야 한다.

현실은 제대로 된 통계자료가 없다. 안타까운 일이 아닐 수 없다. 물론 연간 단속건수나 과태료부과 건수와 같은 자료는 있는데 단속이 어디에서 많이 이루어지고 있는지? 어떤 장소에서 민원이 많이 발생하는지? 등과 같이 단속정책을 수립함에 있어 꼭 필요한 통계자료는 구축되어 있지 않다.

사실 그런 통계자료가 나오기 위해서는 먼저 단속시스템이 고도화되고 유관시스템 간 연계가 필수적인데 현실은 그러하지 못하다. 시와 자치구간 단속시스템이 연계되어 있지 않고 시나 자치구 내부에서도 각자의 단속시스템이 따로 놀고 있기 때문이다. 서울에서 어느 장소가 불법주차 단속이 가장 많이 이루어지고 있는지? 아무도 알 수 없는 것이 현실이다.

자치구는 서울의 교통질서를 확립하는데 중요한 서울시의 파트너이다. 서울시가 주차위반차량을 단속하거나 사업용 차량 위반사항을 단속해도 그에 따른 과태료나 과징금 부과와 같은 행정처분은 자치구의 권한으로 위임된 경우가 대부분이기 때문이다. 아무리 단속을 제대로 해도 구청에서 제대로 된 처분을 하지 않으면 단속이 무용지물이 될 것이기 때문이다.

주차단속과 과태료부과업무에 있어 천여 명의 자치구 인력이 종사하고 있다. 앞에서 언급했듯이 주차질서는 자치구의 역할이 중요하다. 구청은 엄정한 단속에 대해 알레르기가 있다. 단속을 많이 하면 할수록 바로 구청으로 민원이 폭주하기 때문에 구청직원들은 현장에서 단속공무원들이 가급적 단속을 적게 하여 민원을 야기하지 않았으면 하는 바람들을 가지고 있다.

단체장들은 다음 선거를 생각해야 하기 때문에 규제보다는 복지행정과 같은 표와 연결되는 공급행정에 관심을 많이 갖을 수밖에 없다. 반면에 규제행정은 소홀이 다루어질 수밖에 없고 직원들은 직원들대로 단속으로 인한 민원으로부터 해방을 생각하면서 단속에 대해 소극적일 수밖에 없는 실정이다.

그래도 단속공무원들의 입장에서는 실적을 평가받기 때문에 단속실적을 거두기 위해 불가피하게 쓰는 편법이 있다. 상습적인 불법주차 발생장소에서 단속하기는 너무 어렵다. 단속하려면 운전자가 바로 뛰어나와 거세게 항의하기 때문에 그런 장소에서는 이동조치 등 계도위주로 편한 단속을 하고, 반면 다소 한적하고 운전자가 없어서 단속에 대한 항의가 없는 곳에서는 과태료부과 스티커를 부착하고 자리를 뜨는 불공정한 단속관행이 광범위하게 운용되고 있는 것이다.

또 다른 방법은 단속요청 민원을 배정받아 현장에 출동하여 민원 처리하는 과정에서 콕 찍어서 신고 된 차량에 대해서만 단속한다던지 아니면 주변의 불법주차 차량중 위반정도가 심각한 것만 단속하여야 하는데도 불구하고 단속공무원들이 형평성을 이유로 일정 구간의 다수의 위반차량을 모두 단속해 버리는 것이다.

그로인해 단속공무원은 짧은 시간에 쉽게 많은 단속실적을 거둘 수 있는 반면 주택가 골목길 부족한 주차장을 이유로 어쩔 수 없이 불법주차를 할 수 밖에 없는 많은 시민들은 구청이나 시청에 전화를 하여 무차별적 단속에 항의를 하게 된다.

최근 스마트폰의 보급 증가, 시민의식 향상 등으로 인해 불법주차 등 시민불편사항을 손쉽게 신고할 수 있게 되었다. 120 다산 콜로 접수되는 불법주차단속요청 민원 신고건수가 매년 평균 약 20%P씩 증가하고 있어 이에 대한 적정한 대응이 필요한 상황이다. 이를 위해서는 자치구의 선도적인 역할이 간절한 상황이다.

시민 눈높이에 맞춘 꼭 필요하고도 절실한 분야에는 "눈에는 눈, 이에는 이"와 같은 엄정하고 위반 정도에 상응한 공정한 법집행을 담보해야 한다. 어린이보호구역이나 주택가 골목길 소방차통행로에 불법주차한 차량에 대해서는 제대로 된 단속을 하고 엄정하고 공정한 처분까지 이어져야 할 것이다. 보도, 횡단보도, 정류소, 소화전 주변의 불법주차도 같은 기준에 따라야 할 것이다.

원칙 있는 주차단속행정을 지속적으로 추진하다보면 언젠가는 주민들이 이해하고 강력한 저항을 하지 않을 것이기 때문이다. 아무리 생계형차량이라고 하더라도 시민안전과 직결되는 위반 장소에서는 엄정하게 단속하고 과태료부과 과정에서 의견 진술을 하더라도 쉽게 수용해서는 안될 것이다.

많은 자치구에서는 생계형 차량의 경우에는 위반정도를 따지지 않고 무차별적으로 서손처리 한다던지 의견진술에서 쉽게 수용해주는 등으로 갈등을 회피하려는 나약한 모습을 보이기도 하는데 이는 잘못된 관행이다.

특히 시민들이 생명의 위협까지 받아가면서 어렵게 신고하는 건에 대해서도 쉽게 서손처리하거나 의견진술심의위원회 논의를 이유로 수용해주는 처사는 반드시 개선되어야 할 것이다. 시민신고를 통해 과태료를 부과하는 건에 대해는 일반 단속 건에 비해 보다 엄정한 처분이 뒤따라야 할 것이다.

서울시와 자치구 오월동주(吳越同舟)!

이러한 일들이 가능하기 위해서는 시와 자치구간 업무협의와 논의가 주기적으로 이루어져야 할 것이다. 그중 대표적인 방법으로 주차단속분야를 시·구 공동협력사업으로 추진하고 있다.

〈주차단속분야 주요 평가지표〉

평가방법 : 자료평가(10점) + 현장평가(5점)

평가지표 : 시민신고 과태료 부과(처분)율(주차단속 의견진술 수용율 포함),

　　　　　시민안전장소(보도, 횡단보도, 정류소, 소화전 주변등) 단속비율,

　　　　　주요지역(스쿨존, 역세권, 소방차통행장애지역) 불법주차 실태

　시의 주요 현안 사업에 자치구의 적극적 참여를 유도하기 위해 추진실적을 평가하여 우수 자치구에 보조금 추가 지원과 같은 인센티브를 제공하는 것인데, 주차단속 분야가 2017년도 부터 포함되었다.

　주차단속 분야 평가지표에서 보듯이 자치구가 주차단속을 많이 한다고 좋은 평가를 받는 것은 아니게끔 되어있다. 시민안전과 밀접한 장소(보도, 횡단보도, 정류소, 소화전 등)에서 불법 주정차 단속을 많이 해야 좋은 평가를 받게끔 평가 틀을 마련하였는데 자치구 단속공무원들의 단속형태를 개선하고자 했다. 시민안전과 밀접한 장소에서 보다 그렇지 않은 곳에서 단속건수가 많은 불공정한 단속형태를 개선하여 꼭 필요한 단속을 유도하기 위한 불가피한 선택이었다.

　그 외 시 · 자치구 담당공무원간 업무소통을 위한 공동연수를 매년 봄에 1회씩 개최하고 있다.

　시 · 구 주차단속 공무원 공동연수는 2016년부터 매년 1회씩 봄철에 속초 등에서 1박 2일로 진행하고 있다. 2018년에는 4월경에 서울 근교에서 당일치기로 실시한바 있다. 공동연수는 서

울시와 자치구 주차단속을 담당하는 팀장과 주무관들이 참석하여 바람직한 주차단속정책 방향을 논의하고 우수사례를 공유하여 확산시키는데 의의가 있었다.

처음 공동연수를 속초에 위치한 서울시수련원에서 진행하였는데 수련원회의실에서 열띤 발표와 토론을 하고 바닷가에 위치한 횟집에서 저녁식사를 하면서 소통의 시간을 이어갔다. 서울시 주차단속 총괄과장으로서 너무나 뿌듯하였다. 같은 업무를 하는 공무원들끼리 서로 위로하면서 격려하는 의미 있는 자리였기 때문이다.

사실 자치구 공무원들 역시 외로운 것은 시 교통지도과 직원들과 마찬가지일 것이다. 주차단속을 많이 하면 그에 따른 민원이 급증해서 모두가 싫어하게 되고 반면에 주차단속을 적게 하면 왜 단속 안하냐고 하면서 단속해달라는 민원이 발생하여 힘들기 역시 마찬가지이다. 그래서 주차단속은 계륵(鷄肋)과 같은 취급을 받고 있는 것이다.

아무리 열심히 일해도 크게 부각이 안 되는 업무라서 직원들이 가질 수 있는 인센티브도 그리 많지 않다. 그래서 능력이 되는 직원들은 주차단속업무를 맡는 즉시 다음 인사발령 때 다른 부서로 이동하려는 생각부터 한다는 것이다.

그런 상황에서 서울시에서 공동연수를 진행하면서 서로의 외로움을 달래주기도 하고 스스로 힐링하는 시간을 속초 바닷바람을 쐬어가면서 갖게 되니, 자치구 공무원들도 좋아하고 너무나 의미 있는 사건이었다.

무엇보다 올해(2018년) 처음으로 주차단속분야와 교통불편신고 조사업무와 관련하여 모범적인 역할을 수행한 8개의 자치구의 담당공무원에 대해 시장표창을 수여하게 되었다. 이러한 노력 역시 앞으로도 지속적으로 담보되어 구청을 효과적으로 리드할 수 있어야 할 것이다.

그러나 무엇보다도 중요한 것은 서울시 주차단속시스템을 공동사용토록 권고하여 현재 서초구와 동대문구 등 5개구가 참여하고 있다. 주차단속은 자치구청장들의 고유권한으로 인식하고 있는 현실에서 단속권 일원화나 통합은 쉽지 않다.

〈 단속수단별 주정차 단속실적 비교(2017년) : 총 2,968천 건 〉

구 분	스마트폰 단속			차량단속 CCTV			고정식 CCTV			시민 신고
	계	시	구	계	시	구	계	시	구	
총계 (연/천건)	1,306	135	1,171	514	158	356	1,100	130	970	31
1일/대당 (건)	25.3	13.2	15.1	48	36	12	1.7	1.5	1.2	

※ 스마트폰 단속은 인력단속으로 단속공무원 1인당(1일) 단속실적임

서울시는 스마트 폰 단속과 차량주행형 CCTV단속시스템을 GPS기반으로 하여 통합하여 사용하고 있어 주차단속 건건이 그 위치를 특정할 수 있고 단속정보간 공유가 가능하나 고정식 (무인)단속CCTV시스템은 별도로 운영되고 있는 관계로 온전한

단속데이터를 확정할 수 없어 제대로 된 주차단속 정책 수립을 위한 데이터 한계에 직면하고 있는 상황이다. 자치구들의 상황은 더욱 열악하다. 세 가지 단속시스템이 따로따로 운영되는, GPS에 기반하지 않는 시스템들이라서 구체적인 단속위치를 자동으로 지도에 특정할 수가 없게 되어있다. 고정식(무인) CCTV 단속시스템 역시 구체적인 단속위치를 특정할 수 없기는 마찬가지인데 이는 GPS좌표가 고정식CCTV가 설치되어있는 기둥위치를 기준으로 세팅되어 있기 때문에 한 대의 CCTV가 단속한 모든 건은 단속위치가 같게 되어 있는 것이다.

그래서 매년 300만 건씩 단속한다면 10년이면 3천만 건인데 지금쯤이면 주차질서가 많이 개선되어야 하지 않을까 하는 반문을 가끔 하게 된다. 이러한 한계로 인해 서울시는 자치구를 제대로 리드하지 못하고 있다. 자치구 정보를 서울시가 모르는 상황에서 어떻게 자치구를 리드할 수 있을까?

불법주차단속은 시 차원에서 어느 정도 표준화가 될 필요성이 있다.

주차위반 차량이 위치한 자치구에 따라 혹은 거주하고 있는 지역에 따라 단속기준이 다르다면 어떨까? 4차로 이상의 대로는 최소 2, 3개 이상의 자치구가 연결되어 있어서 어느 정도 표준화가 필요하다. 이 경우에는 주차단속은 광역적 개념이 수반된다고 할 수 있다. 또한 주택 밀집해 있는 생활도로(이면도로)도 주택가 공영주차장 확보 여건이 다를 수는 있지만 어느 정도

단속기준의 표준화 등은 가능할 것으로 본다.

현실에서는 자치구마다 주차단속기준이 천차만별이다. 서울 전역에 2500여대의 고정식CCTV가 운영 중인데 하루 평균 한 대가 평균 1.5건 정도 단속하고 있는 실정인데 그 단속기준이 최단 5분에서 최장 30분까지 다양한 실정이다.

또한 주말이나 공휴일에는 전체 CCTV운영대수의 80～90%에 해당하는 단속카메라를 작동하지 않고 있으며 일부 자치구에서는 평일은 오후 8시까지만 운영하는 자치구가 있는가 하면 다른 자치구에서는 저녁 10시까지 하는 자치구도 있는 등 같은 위반행위가 시민(차량)이 사는(불법주차) 곳에 따라 단속기준이 천차만별이어서 경우에 따라서는 단속이 될 수도 있고 안 될 수도 있는 상황이 벌어지고 있다.

2017년 5월에 시도했던 『고정식(무인)CCTV 1분단속제』는 비록 성공하지는 못했지만 보도, 횡단보도, 정류소와 같이 시민 안전을 위해 주차나 정차가 금지된 주요 장소에 대해서는 고정식CCTV로 단속하는 경우 단속유예시간을 1분으로 하여 보행자의 안전을 확보하려 한 정책이었다. 이 역시 자치구별로 상이한 단속기준을 표준화해보려는 시도의 하나라 할 수 있는데 여러 이유로 아직은 시기상조라는 생각이 든다.

그럼에도 불구하고 시, 구가 따로 구축한 단속시스템만이라도 통합사용 또는 연계사용이 가능하도록 단속시스템 간 통합이나 연계를 추진 중에 있는데 그 중 하나가 자치구로 하여금 서울시 주차단속시스템을 사용하도록 지속적으로 권고하고 있다. 현재는 단속 자료는 쌓여있지만 데이터로서 활용가치는 거의 없다 할 수 있다. 요즘 화두가 되고 있는 빅데이터를 활용한 정책수립 지원과 같은 것은 꿈도 꿀 수가 없게 되어있다.

의욕이 앞서 비록 성공하지는 못했지만 시민안전 보장이라는 명분에 충실했던 "1분 단속제"는 주차단속기준이 천차만별인 자치구를 선도하면서 표준화하려는 의도가 있었음을 밝혀두고 싶다.

2

불법주차 1분 단속제

교통지도과장으로서 가장 자랑스럽게 생각하면서도 곤혹스러웠던 사건은 '불법주차 1분 단속제' 시행과 관련한 경험일 것이다. 지금은 서초구에서도 고속터미널 앞 일부 장소에서만 제한적으로 시행하고 있는데 그 시작은 창대했었다.

서울에만 불법주차를 단속하는 고정식 무인단속CCTV가 2,500여대가 가동 중인데 한 대의 무인단속CCTV가 단속할 수 있는 구역을 위반장소별로 구분하여 단속유예시간을 차별화시키자는 것이다. 즉 보도, 횡단보도, 정류소, 소화전 같이 시민 안전과 직결되는 장소에 불법주차한 차량에 대해서는 1분 유예를 그 외의 장소에 주차한 차량에 대해서는 기존대로 5분이상의 현재와 같은 단속유예시간을 두어 차별화하자는 것이 핵심

내용이다.

○ 고정식 무인단속CCTV 불법 주·정차 단속기준 차별운영
(단속유예 5분~30분⇒1분~5분)

구 분		단속기준(유예)	비 고
주·정차 금 시 장 소	보도, 횡단보도, 교차로, 버스정류소, 소화전 등 시민안전관련 주요 장소	1분~ 5분	'17. 5. ~
	상기 장소를 제외한 황색 실선·점선 구간	5분 이상	

※ 당초 1분 단속에서 1분~5분으로 바뀌었고 당초 어린이보호구역, 전용차로 등도 포함
시켰으나 제외하였음

　어찌 보면 아주 단순하고 합리적이라고 생각할 수 있는데 주
차단속을 강화하려는 계획으로 모두에게 비춰져 그 시행초기에
는 아주 시끄러웠었다. 자치구 관계관 회의도 여러 차례 개최해
서 그 취지 등을 설명하고 보도자료를 뿌려서 시민들에게 홍보
하는 등 나름 강화된 주차단속 시행에 따른 시민 혼란과 불편을
최소화 하려던 게 화를 부른 격이 되어버렸다.

　마침 그 시행시기가 2017년 5월 1일로 열흘 후에 대통령선거
가 임박해있어 좋지 않았고 또한 모 자치구에서 그해 4월에
개최된 구청장협의회에 반대의견을 제출하는 바람에 세 차례나
구청장협의회 회의에서 논의되는 등 추진에 애로가 많았었다.

　과장이 구청장협의회에 불려나가 두 차례나 그 취지 등을 설
명드렸음에도 불구하고 1분 단속제 실시로 인해 주차단속이 강
화되어 주민들이 피해를 볼 것으로 보고 반대하였던 것이다.

그 당시 기억으로 어떤 구청장은 "서울시가 왜 주차단속을 하느냐?"면서 "우리 구청에서는 주차단속은 동사무소직원들에게 시킨다."라는 말을 하였고 어떤 구청장은 "왜 불법주차의 피해를 주민들이 부담해야 하는가? 자동차를 팔아먹는 회사가 부담해야지"하면서 불편한 심기를 그대로 나타냈었다.

거기에다가 택시업계에서 거센 항의를 시에 한 모양이었다. 택시가 1분 단속제의 주된 피해자로 인식했기 때문이었다. 택시가 보통 횡단보도나 정류소에서 승객을 기다리는 경우가 많은데 그러면 1분 단속제의 희생양이 될 것이라는 판단에서였다.

거기에다 모 방송사에서도 1분 단속제가 생계형차량에 직격탄이 될 것이라는 보도 등이 잇따르는 등으로 인해 불가피하게 전격 유보하는 쪽으로 종지부를 찍게 되었다. 좌절을 맛보게 된 것이다.

3월부터 준비하고 1개월여 시간을 들여 라디오프로그램 등에 출연하여 여러 차례 인터뷰도 하면서 그 취지 설명에 혼신의 힘을 들였으나 결과는 참담한 실패였다. 모 방송사와의 인터뷰에서 "시범 운영 후 운영결과를 평가하여 시행여부를 추후 검토하겠다."고 하였는데 방송된 내용은 "1분 단속제 전격유보"라는 제목이었다. 그날이 아버지 기일임에도 불구하고 제사에 참석하지 못했다. 더욱 참담했다.

결론적으로 소통의 실패였다. 특히 내편이라고 생각했던 구청 직원들이 배신했다는 생각에 더욱 그러했다. 주차단속을 하는 부서에서는 쌍수를 들어 환영할 것이라는 착각을 했던 것이 그러했다. 서울의 고정식CCTV는 2,500여개가 설치되어 있고 단속실적을 보면 1대당 1일 평균 1.5건으로 매우 낮게 나타나는데 그 이유를 예방효과로 보는 시각이 있는데 물론 맞는 얘기이다. 그런데 과연 그런 이유만 있을까?

다른 이유도 있을 것이다. 무인단속CCTV가 설치된 지역이 되레 불법주차단속의 사각지대화 되어 있고 상습적인 불법주차가 만연되는 장소로 전락되어 단속의 불공정성 논란을 야기하고 있는 실정이다. 단속정보를 아는 사람은 단속을 피할 수 있고 단속정보를 알지 못하는 초행길인 시민만이 단속되고 있는 것이 현실이다.

상점들이 밀집해 있는 지역에 고정식 CCTV가 설치되어 있다면 상점주들이 방문고객에게 단속정보를 알려주기도 하고 과거에 단속된 경험이 있는 분들은 번호판을 가리거나 차량 트렁크를 열어 제치는 손쉬운 방법으로 주차단속을 피해나가고 있다.

자치구 공무원들도 다들 이러한 문제들을 인식하고 불공정한 단속적폐에 대해 개선하고자 하는 의지를 가지고 있을 것이라고 생각했었다. 공무원으로서 양식이 있는 사람들이라면 이번 기회에 잘못된 관행을 척결하고자 하는 의지가 있을 것으로 생각하고 그들을 신뢰하여 방심한 나머지 철저하게 준비하고 소통해야 했는데 그렇지 못했던 것 같다.

그때까지만 해도 구청에 대해 일부 오해한 부분이 있었다. 구청 직원들은 잘못된 단속관행을 개선해서 꼭 필요한 단속에는 적극 박수칠 것이라는 생각을 했었다. 단체장들이 표를 의식할 수 밖에 없는 이유로 단속에 소극적일 수 밖에 없더라도 직원들은 그렇하지 아닐 것이라고…… 그런데 잘못된 생각이었다.

단체장은 물론이거니와 구청 담당 직원들도 제대로 단속하면 단속관련 민원이 증가할 것이고 그러면 힘들어지는 것은 직원 자신들이라는 생각…… 게다가 고정식CCTV가 설치되어 있는 곳이 자치구와 밀접한 관계가 있을 수 있는 상점주와의 관계 등을 고려한다면 잘못된 단속 관행의 정상화에 쉽게 찬성할 수가 없을 것임은 자명할 것이다.

서울에서만 매년 23명이 불법주차가 하나의 원인되어 발생한 교통사고로 인해 사망하고 있고 그 주된 피해자들이 이면도로 등 좁은 도로에서 보행중인 어린이들인 점, 이면도로 소방차통행로 확보 우선 등을 고려할 때 잘못된 단속 관행을 개선하는데 적극 동참하여야 함에도 불구하고 이런저런 이유로 시행을 반대하는 것은 자치구가 시민의 안전보다는 일부 상습 불법주차 차주들을 보호해주려 한다는 잘못된 오해를 불러 일으킬 수 있다.

미래 주역들의 안전을 위해 다시 시동을!!

불법주차 1분 단속제를 시행하기 전에 수차례 라디오 방송 인터뷰를 통해서 시행취지와 배경에 대해서 집중 홍보한 바 있었다. 한번은 내가 모 라디오 방송국과 인터뷰한 내용을 녹음하여 첫째 아들에게 들려줬더니 아빠를 자랑스럽게 생각하는 모양이었다. 1분 단속제 시행이 비록 성공하지 못했지만 나에게는 아주 의미 있는 사건이었다고 생각한다.

첫째 아들이 당시 초등학교 6학년 재학 중이었는데 불법주차에 대해 나보다 더 강경한 말을 쏟아내기도 하였다. 학교주변에 불법주차 된 차량에 대해서는 내가 주차단속을 총괄하는 과장이라는 것을 알아서 그렇게 한 것인지는 몰라도 "아빠! 주차단속 안 해" 또는 "아빠! 신고안하고 뭐해!" 등등의 말들을……

아시다시피 초등학교 주변이 어린이보호구역으로 지정되어 있지만 불법주차 차량으로 인해 정작 보호받아야 할 어린이들이 오히려 교통사고 피해의 당사자가 되고 있는 현실이다. 그러다 보니 초등학생이던 첫째 아들도 아마 불법주차는 나쁘다는 인식을 깊이 하고 있었던 것 같다.

그리고 예전에 아파트단지 내에서 이륜자동차에 치여서 병원 치료를 받아 본 적이 있어서 그런지 불법주차 개선 등 교통질서에 대해 생각이 많은 것 같았다. 한번은 아파트단지 내 중앙도로 횡단보도를 뛰어서 건너다가 주변에 불법주차 된 차량으로 인해 주행 중인 차량을 볼 수 없는 바람에 잘못하면 크게 치여 다칠 뻔한 적도 있었다.

지금도 둘째 아들을 초등학교에 걸어서 데려다 주곤 하는데 이면도로에 불법주차된 차량 사이를 조심스럽게 지나가야 해서 여간 불편한 게 아니다. 내가 유별나게 불법주차에 대해 관심을 많이 갖게 되고 주차단속을 중요하게 생각하는 것은 이와 같은 배경이 작용했던 것이라고 생각된다.

시민안전 확보나 보행친화환경 조성과 같은 시정비전을 고려할 때 예외적으로 『고정식((무인)단속 CCTV 불법주차 1분 단속제』는 다시 논의하여 실행하는 것을 검토해야 한다.

고정식무인단속 CCTV지역이 오히려 불법주차 상습발생 장소로 전락

사실 불법주차 1분 단속제는 이미 시행 중에 있다고 할 수 있다. 시민신고만으로 과태료가 부과되는『교통법규위반 시민신고제』에서 이미 시행중에 있다. 즉 주차위반 장면을 담은 두 장의 사진간 시차가 1분이면 단속공무원 현장출동 없이 과태료를 부과하고 있기 때문이다. 이미 시행된 지 5년이 경과하였다. 그외 단속공무원들도 위반정도가 중한 경우에 즉, 보도, 횡단보도, 정류소, 소화전 주변 등 주정차 금지장소에서 불법주정차한 경우에 현장에서 1분이 안되더라도 즉시 단속하고 있는 현실을 고려할 때 향후에 시민과 충분히 소통하여 다시 추진하는 것을 고려해야 할 것이다.

3

운전자가 현장에 있어도 단속!!

이 한 장의 사진이 나에게 주는 의미는 아주 색다르다. 청계로에서 단속공무원들과 함께 주차단속을 하면서 과연 공정한 단속이 되려면 어떻게 해야 하는가?를 생각하게 한 계기가 되었기 때문이다.

'15년 3월쯤 단속공무원들과 합동 단속하는 장면으로, 좁은 청계로에 대형 "신차 배송차량"이 한 개 차로를 차지하고 있어 어떻게 할지 고민 중인 모습 ; 신차 배송차량은 운전자가 현장에 있어 단속하지 않고 인근 승용차를 과태료단속 하였음

과연 어떻게 생각해야 할 것인가? 단속공무원이 주차위반 차량에 대해 단속을 진행하는 도중에 위반 차주가 나타나 "차를 뺄테니 단속하지 말아달라."고 했을 때 단속공무원이 어떻게 해야 시민의 눈높이에 맞출 수 있을까? 그냥 봐주어야 하는가? 아니면 규정대로 주차위반으로 단속스티커를 끊어야 하는가?

도로교통법에서는 "운전자가 현장에 있는 경우"에도 과태료부과 단속을 할 수 있다고 규정되어 있다. 그럼에도 불구하고 거의 모든 주차단속은 "현장에 운전자가 있는 경우"에는 법에서 정하고 있는 단속수준 중에서 가장 낮은 수준인 "계도"나 "단속유예" 선에서 시행되고 있다.

앞의 사진에서 보듯이 대형 "신차배송차량"은 좁은 청계로에서 한 차로를 30분 이상 점령하고 있어서 뒤따르는 시내버스와 같은 큰 차량이 어렵게 어렵게 빠져나갈 수 있어 단속공무원이 가장 강력한 단속수준인 "견인"과 "과태료부과"조치를 시행하는 것이 가장 합리적이라고 생각할 수 있으나 당시 단속공무원들은 해당차량 운전자에게 "빨리 차를 빼주세요!" 이 말만 30분 동안 계속 반복하였다.

나중에 그 차량이 자리를 떠난 뒤에 머쓱했던지 남아있는 승용차에 과태료부과 단속을 하고 자리를 떠났다. 물론 담당과장이 현장에 있어서 그랬을 것이라고 생각한다. 열심히 하는 모습을 보여주려고 그랬던 것으로 이해할 수 있으나 그 당시 그 모습이 계속 머릿속에 남아 있게 되었다. 신차배송차량을 그냥 떠나보냈으면 당연히 남아있는 승용차도 과태료부과 단속을 해서는 안 되는 거 아닌가!

앞의 경우에 단속을 하려면 어떤 차량을 단속해야 할까? 만약 두 대 중 한 대를 불법 주차로 단속해야 한다면 어떤 차량을 단속해야 할까? 이 장면은 여러 가지를 생각하게 하는 것으로 나는 이 사진을 단속체계고도화에 대해 설명할 때나 단속공무원 교육에 두고두고 활용하게 되었다. 한번은 서울시 개인택시조합에서 임원들과의 간담회에서도 이 사례를 가지고 서울시 주차단속의 개선 방향에 대해 설명하기도 하였다. 택시조합 임원들도 이구동성으로 "신차배송차량이 문제가 많으니 만약 두 대 중에 한 대만 단속하여야 한다면 당연히 신차배송차량이 대상이 되어야 한다."고들 말씀하신 기억이 난다.

그렇다. 주차단속 강도 중 가장 강한 수준인 "과태료부과와 견인조치"는 당연히 위반정도가 중(重)한 경우에 하여야 한다. 현장에 운전자가 있느냐? 없느냐?가 과태료부과 단속의 기준이라는 것이 얼마나 불합리한 것인지 알아야 한다. 물론 운전자가 현장에 있는 경우에 당연히 일차적으로는 이동조치와 같은 낮은 수준의 단속수준을 적용하는 것도 합리적일 수 있다. 그러나 그러한 이동조치가 실효적인 주차질서 개선을 가져오기만 한다면 당연히 그렇게 해야 할 것이다. 그러나 현실은 그렇지 않기 때문에 문제가 된다.

한 개 차로를 막아선 상태로 아무 생각없이 장시간 불법주차하면서 다른 차량의 통행에 지장을 주는 경우에도 단속공무원이 이동조치해 달라고 하면 되레 화를 내는 운전자들도 있으며 일단 단속을 피해 이동했다가 단속공무원이 자리를 뜨면 다시 제자리로 돌아와 불법주차를 다시 한다.

대형 관광버스가 관광객의 승차편의를 위해 횡단보도 등에 걸쳐 장시간 불법주차하면서 보행자들의 불편과 뒤따르는 차량들의 운행을 방해하는 경우 등을 종종 볼 수 있음에도 많은 경우에 차내에 운전자가 있다는 이유로 과태료부과 단속을 하지 않고 있었다. 특히 도로 노면에 황색점선 표시가 되어 있는 경우에는 도로교통법상 잠깐의 정차(법상 5분 이내)가 허용된다는 이유로 단속공무원의 이동조치 명령에도 잘 따르지 않는다.

그래서 '15년 9월부터 사회적으로 인정될 수 있는 범위에서 위반정도가 중한 행위라 할 수 있는 경우에는 "현장에 운전자가 있어도 단속"하기로 하는 내용의 조치를 시행한 바 있었다. 언론 등에서 깊은 관심을 보여줘서 상당히 많은 홍보가 되기도 하였다. 당시에 보도자료를 내는 것에 대해 많은 우려를 나타낸 분들도 있었는데 그 이유는 주차단속을 너무 강하게 하는 것으로 시민들에게 비춰져 여론이 나빠질 것을 우려하였던 것 같다.

그렇다고 아무 때나 이러한 단속요령을 사용해서는 안 된다.주로 시민안전과 관련되는 주요 장소의 불법주차가 그 대상이 되는데 첫째는 보도, 횡단보도, 정류소와 같은 장소에서 불법주차하면서 보행자나 시내버스 승객들에게 상당한 불편을 초래하는 경우, 둘째는 비록 정차가 가능한 구간이라 할지라도 정차로 인해 차량소통에 큰 지장을 초래하는 경우, 셋째 단속공무원의 이동조치 명령에 불응하여 자진이동하지 않는 경우, 넷째 불법주차 차량에 대해 먼저 계도조치한 후 단속공무원이 일정시간 경과 후 재방문시 불법주차 상태가 지속된 경우 등에 제한적으로 활용되어야 한다.

어찌됐든 법규위반 사안을 규제함에 있어서 위반행위로 인해 발생하는 사회적 손실의 경중에 따라 그에 상응하는 규제 및 처분 수준이 적용되어야 공정한 법집행이라 할 수 있다. 또한 이 단속기법을 현장에서 적용함으로서 단속공무원들의 자긍심도 높아지고 있다. 예전에는 단속 중에 운전자가 나타나면 관행적으로 계도조치만 하였는데 그러다 보니 주정차위반 차주들이 단속공무원 알기를 "종이호랑이"로 취급하기 일쑤였다. 거세게 항의하거나 이동조치에 불응하는 경우에도 아무런 조치를 현장에서 취할 수 없었기 때문이다.

그러나 이제는 운전자가 현장에 있는 경우에도 단속이 꼭 필요한 경우에는 적극적으로 단속할 수 있게 되었기 때문에 일부 긍정적 마인드를 가진 단속공무원들께서는 단속현장에서 적극 활용하는 추세이다. 그러면서 단속공무원으로서의 자긍심도 가질 수 있게 되었다는 얘기를 하는 분들도 생겨났다.

〈 현장에 운전자가 있어도 단속하는 주요사례 〉
불법주정차 정도가 심해 교통사고 유발가능성이 높은 경우에 예외적으로 적용(원칙)

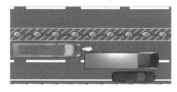

〈 이열주차 〉

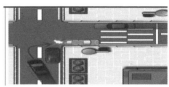

〈 교차로 불법 주정차 〉

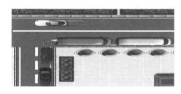

〈 관광버스의 대로변 주차 〉

〈 보도위 주정차로 보행안전 저해 〉

〈 버스정류소 내 불법주정차 〉

〈 횡단보도 불법주정차 〉

4

교통질서확립, 시민의 힘으로!!

　한 시민의 집념으로 잘못하면 아무런 일도 없었던 것처럼 조용히 묻힐 뻔 한 교통법규 위반자에 대한 처분이 이루어진 일화를 소개하고자 한다.

　한 시민의 교통법규 위반 신고, 전용차로 위반신고가 있었다.

　경부고속도로 서울시 단속구간인 양재IC에서 한남IC 구간의 어떤 곳에서 전용차로를 위반하여 주행하던 승용차(은색 그랜저)가 있었다. 마침 그 옆 차로를 주행 중이던 다른 승용차 운전자가 차량에 설치된 블랙박스에 찍힌 동영상 중 일부위반 장면을 캡쳐하여 경찰에 신고하였다. 경찰에서는 전용차로 위반에 대해서는 서울시가 단속하고 과태료를 부과하기에 서울시(교통지도과)로 이첩하게 되었다.

그런데 교통지도과내 전용차로과징팀에서 과태료부과 요건을 구비하였는지 여부를 확인하는 과정에서 애로사항이 발견되었다. 차량번호를 특정할 수 없었던 것이다. 과태료를 부과하기 위해서는 전용차로 운영시간에 전용차로를 주행할 수 없는 차량이 주행 또는 정지 상태에 놓여 있어야 하며, 차량번호가 명확하여야 한다. 그렇기 위해서는 동영상이나 사진(보통 2~3장)이 확보되어야 한다.

차량번호를 육안으로 확정할 수 있어야 하는데 그중 하나만이라도 명확하지 않으면 과태료를 부과하지 않았었다. 명확하지 않는 차량번호를 특정하여 과태료를 부과하는 절차를 진행하면 민원이 발생하여 힘들어지기 때문이다.

당시 정황을 돌이켜보면 차량번호 중에 한글 한 자가 명확하지 않았던 것으로 기억이 된다. 예를 들면 차량번호가 "12△3456"이라면 가운데 글자가 육안으로 명확하지 않았던 것이다. 번호판의 한글 글자가 예로 들면 "아"인지 "이"인지가 명확하지 않았던 것이다.

그래서 신고인에게 그런 사유를 들어서 과태료를 부과할 수 없다고 회신하게 된 것이었다. 그런데 신고인은 그러한 회신 답변을 수용하지 못하고 몇 차례 서울시에 항의전화를 한 다음에 경찰에 차량번호를 특정해달라고 다시 민원을 제기하였다. 그래서 경찰에서는 과학수사기법을 활용하여 차량번호를 특정하여 신고인에게 알려주게 되었고 신고인은 다시 서울시 교통지도과에 경찰에서 확정해 준 차량번호를 거론하면서 다시 과태료를 부과하여 줄 것을 요청하였다.

그러나 교통지도과에서는 역시나 사진 상의 차량번호가 명확하지 않아 민원이 발생할 수 있다는 근거를 다시 들어 과태료부과가 어렵다는 내용의 회신을 하게 되었다. 그러자 신고인은 국민권익위원회에 서울시의 행위가 정당한지에 대해 심의를 해달라고 이의를 제기하게 된다.

결국 국민권익위원회에서는 신고자의 손을 들어주었다. 사실 경찰이 위반자 차량번호를 확정해 주었으면 과태료를 부과했어야 했는데 사건의 모든 전말을 알고 보니 과장인 내가 업무 전반에 걸쳐 깊게 고민하지 않았던 것 같아 못내 아쉬웠다.

사실 이런 사례는 부서장이 정확하게 파악하여 신고인이 그렇게까지 하지 않았어도 과태료부과가 되도록 했어야 했는데 그렇게 하지 않은 것이 못내 아쉬울 뿐이었다.

어찌됐든 한 시민의 끈질긴 집념으로 잘못하면 그냥 넘어갈 교통법규 위반자를 찾아내어 과태료를 부과할 수 있게 된 것인데 서울시민의 위대함을 보는 것 같았다. 물론 행정은 상식선에서 이루어지는 것인데, 번호판을 경찰이 과학수사기법을 활용하여 특정하여 주었다면 그것을 증거로 하여 필요한 처분을 하는 것은 아무런 문제가 없는 것인데…….

어찌 보면 여기서 소개하는 이 일화는 교통지도과 직원들이 과태료부과라는 규제행정을 하면서 일상적으로 겪고 있는 민원으로부터의 고통이 얼마나 지대한지를 보여주는 단면이어서 이 글을 읽는 이로 하여금 씁쓸한 미소를 자아내게 할 것이다.

서울시민이 위대한 시민인 것은 사실이다. 그러나 아직도 전용차로 위반에 대해 과태료부과가 매년 20만 건에 육박하고 있는 현실에서 5~6만원의 과태료를 부담해야 하는 시민들 입장에서는 그 억울함을 관공서에 전화를 걸어서 극단적인 표현(육두문자)을 사용해 가면서 담당 공무원을 불편하게 하는 사례가 일상적으로 발생하고 있는 것이 또한 현실이다.

한 시민의 끈질긴 집념이 가져온 것은 두 가지 의미가 있다고 생각한다. 교통법규 위반자에 대해 "사필귀정" 제대로 처분이 이루어진 일이 첫째이고, 관행적으로 운영해 오던 시민신고에 대한 공무원들의 인식을 다시 한 번 생각하고 보완개선 할 수 있도록 계기를 마련해 준 것이 둘째라고 생각한다.

매년 전용차로 위반 신고가 3천 건 이상 접수되고 있는데 짧은 동영상이나 사진(보통 2, 3장)이 증거자료로 함께 제출되어야 과태료를 부과할 수 있다. 대부분 신고자가 자동차에 설치된 블랙박스에 찍힌 동영상을 부분 캡쳐해서 정사진으로 전환하여 2~3장의 사진을 국민신고나 서울시 120 또는 응답소 등의 다양한 매체로 신고하고 있다.

참으로 놀라운 일이다. 어떤 소명의식 없이는 그런 번잡한 과정에 개인적으로 많은 시간과 에너지를 들여가면서 신고한다는 사실에 정말 대단한 분들이구나 하는 생각이 든다. 연말에 몇몇

분을 선정하여 서울시장 표창이라도 드렸으면 하는 생각도 한 바 있었는데 어떤 방법으로든지 서울시민으로서의 위대한 열정과 소명의식을 가진 분들에 대한 감사의 마음을 전달하였으면 하는 바람이다.

시민신고만으로 과태료 부과!

서울시민들께서는 전용차로 위반 외에 불법주차에 대한 시민 신고도 많이들 하고 계신다. 공공기관이 여러 이유로 단속 등의 규제에 대해 소극적으로 생각할 수 밖에 없는 상황이어서 시민 신고는 교통질서를 확립하는데 있어 중요한 척도가 되고 있다. 하루에 10건 이상 신고하시는 분들도 많이 계시는데 참으로 고마운 일이다.

요즘 대부분의 차량에 블랙박스가 설치되어 있어서 신고하는 장면이 위반자에게 노출되어 신변의 위협을 받을 수도 있는 상황이 자주 발생하기도 한다. 시민신고 담당자로부터 그런 사례를 자주 들을 수 있었다. 신고하신 분이 시청 담당자에게 전화를 해서는 자기가 시민신고 한 불법주차 위반 건을 취소해 달라고 한다는 것이다. 이렇게 신변의 위협을 받아가면서 시민신고하는 분들이 많다는 것을 시나 자치구에서 주차단속업무에 관여하는 공무원들은 반드시 알아야 할 것이다. 그들이 여러 이유로 소극적으로 할 수 밖에 없는 일을 대신해서 시민들이 어려운 여건에서 하고 있다는 것을…….

불법주차는 속성상 30분 이내에 대부분 자진 치유되는 것으로 조사되었으나, 현실은 주차단속 요청민원 1건 처리에 80분 이상 소요되는 것으로 나타났다. 현행 단속요청 민원에 대한 효과적인 대안으로서 서울시가 2013년부터 교통법규위반 시민신고제를 시행하고 있다.

※ 주차단속요청 민원처리 소요시간 (접수-처리)

구 분	서울시		자치구	
	'15. 상반기	'16. 상반기	'15. 상반기	'16. 상반기
민원건수	8,309건	12,571건	180,158건	239,959건
평균처리시간(건당)	80분	89분	88분	92분

주요 신고매체로는 서울스마트불편신고앱이나 생활불편신고앱(행정안전부 운영), 웹사이트, 우편 등으로 보도, 횡단보도, 교차로의 주정차위반 장면을 담은 사진 2매(시차 1분 간격)를 제출하면 과태료부과권자인 자치구청장이 과태료부과요건에 부합되는지를 판단하여 단속공무원 현장출장 없이 즉시 과태료를 부과하는 정책이다.

그러나 제도는 마련되어 있었으나 실제 그 제도를 실행하는 서울시나 자치구 담당자들은 관심이 저조한 게 사실이었다. 단적으로 시민신고 실적관리도 되어있지 않아 신고건수가 몇 건이고 그 중에서 과태료부과처분이 몇 건이 되었는지를 알 수가 없었다. 신고대상을 표본추출하여 조사해 본 결과 대략 서울스마트불편신고앱으로 신고된 것 중에 5%정도가 과태료부과가 된 것으로 파악되었다.

과태료부과권자인 자치구에서 여러 이유로 과태료부과 요건을 구비한 신고 건에 대해서도 관행적으로 단속공무원에게 전달하여 현장단속토록 하는 등 과태료부과에 소극적이었던 것이 사실이었다.

이러한 시민신고는 대단한 용기가 필요하다. 현장에서 스마트폰을 이용하여 신고하는 경우에 카메라를 1분 동안 켜고 있는 동안 언제 어디서 위반차주가 튀어나와 멱살을 잡힐지 모르는 상황이 발생할 수 있기 때문이다. 나도 과거의 경험을 통해 시민신고가 얼마나 어려운지? 불편한지? 체험을 통해 알고 있다.

시민신고가 어떻게 이루어지는지 체험하기 위해 2015년 가을 쯤 서울미술관 부근 정동교회 앞에서 보도에 불법주차 된 차량이 있어 시민신고를 하면서 아주 큰 봉변을 당한 경험이 있었다. 정동교회 정문 앞 보도에 고급 승용차들이 즐비하게 불법주차하고 있었는데 마침 교회에 행사가 있어서인지 해병전우회 회원분들이 단정한 해병복장을 착용하고 질서유지 활동을 펼치고 있었다.

나는 증거자료를 채증하기 위해 불법주차 차량에 대해 사진촬영을 진행하였는데 얼마있지 않아 중년의 부인과 딸인 듯한 분이 왜 사진을 찍느냐고 나에게 격하게 항의하기 시작했다. 그

광경을 지켜보던 노해병 전우회 두 분이 끼어들어 합세하면서
분위기가 험악해졌다. 내가 시민신고하려고 하고 있다고 말했
더니 "네가 뭔데…", "너는 그렇게 깨끗하냐! 털면 먼지 안 나
오냐!" 등 비상식적인 말들이 어르신들로부터 마구 쏟아져 나
왔다.

결국에는 신고하려고 사진 찍은 것을 모두 삭제했다고 하면
서 포위망을 뚫고 그 곳을 빠져 나올 수 있었는데 그 체험 이후
로는 시민신고가 말은 쉽지만 실행하기에는 매우 어렵다는 것
을 알게 되었고 더 이상 깊이 있게 연구하지는 않았었다. 그 체
험 이후로는 단속공무원들의 경쟁력을 높여 단속체계를 고도화
하는 쪽으로 방향을 전환하게 되었다.

시민신고제 업그레이드 시동걸다!!

그러나 시민신고를 활성화해야 한다는 대전환의 계기가 발
생하였는데 당시 도시교통본부장께서 시민신고에 대해 특별지
시를 한 것이다. 2013년도에 개설한 서울스마트불편 신고 앱을
통한 주정차위반 시민신고제가 현실에서 제대로 적용되고 있는
지 분석하고 활성화하는 방안을 찾아보라는 것이 주요 내용이
었다.

앞으로는 시민신고가 주차질서를 개선하는데 중요한 역할을
할 수 밖에 없을 것 같다.

자치구는 여러 이유로 주차단속에 소극적이고 민원이 발생하는 경우에나 현장에 출동하여 경고조치하는 등의 행위에 그치는 수준이어서 주차질서 개선을 기대하기는 쉽지않은 실정이다. 주택가에 충분한 주차공간 확보가 안 돼 있다는 이유와 함께 굳이 내 집 앞에 주차하려는 심리도 개선해야겠지만 시민안전과 직결되는 소화전 주변이나 소방차통행로 노면표시 주변에는 불법주차를 허용해서는 안 될 것이다.

특히 서울에서만 매년 23명이 불법주차로 인한 교통사고로 사망한다는 사실을 고려할 때 보도, 횡단보도, 교차로, 소화전 주변 등 시민안전과 직결되는 주요 장소에서는 정차나 주차가 허용되어서는 안 될 것이다.

모든 불법주차를 신고하여 과태료를 부과하겠다는 생각은 위험하기 그지없다. 지금처럼 서울 곳곳에서 불법주차가 만연되어 있는 상황에서는 엄청난 사회적 갈등을 야기할 수 있기 때문이다. 그래서 서울시는 보도, 횡단보도, 교차로 등 주정차 위반상황을 사진으로도 명확하게 입증할 수 있는 장소에 대해서만 제한적으로 과태료부과 신고대상으로 특정하게 된 것인데… 2018년 12월부터는 버스정류소, 소화전 주변, 소방차통행로와 같은 주요장소에 대해서도 시민신고할 수 있도록 장소를 확대하였다.

지금은 많이 개선되었지만 과거에는 요건을 구비하여 서울스마트불편 신고앱을 활용하여 위반 사진을 두매 첨부하여 신고

하여도 과태료부과권자인 자치구로부터 받은 답변내용은 매우 형식적인 것이었다. "000님 감사합니다. (중략) 단속공무원이 현장에 출동하였는데 대상차량은 이미 이동하여 단속하지 못하였습니다. 앞으로도 주차질서 개선을 위해 신고 부탁드립니다. 감사합니다."

내가 사진 두 매를 1분 시차로 하여 신고했는데도 자치구로부터의 답변내용은 거의 다 비슷비슷한 위와 같은 형식적 답변이었다. 왜 그럴까? 자치구는 기본적으로 과태료부과와 같은 단속에는 소극적일 수밖에 없는데 주민들이 과태료부과에 대해 강하게 저항하는 관계로 단속공무원의 단속이나 시민신고에 의한 과태료처분에 소극적일 수밖에 없는 것 같다.

물론 다른 중요한 이유가 더 있다. 단속공무원이 현장에 아무리 빨리 나간다고 해도 30분 내외의 시간을 소모할 것인데 그러다 보면 웬만한 불법주차 차량은 사라지고 없게 되기 때문에 과태료부과 단속이 적게 이루어지기 되고 그러면 구청으로 민원도 적게 들어올 것이기 때문이다. 구청 주무관들은 단속당한 분들로부터 받는 거센 민원이 가장 힘들다고들 한다.

그 뿐 아니라 과태료부과 처분까지의 과정에 자치구 담당주무관이 부담해야 할 업무량이 증가하는 것도 처분이 제대로 안되는 주요한 사유라 할 수 있다. 시민이 신고한 자료를 자신의 컴퓨터에 다운 받아서 과태료부과 성립 요건을 확인한 후 그것을 다시 주차위반과태료부과시스템에 업로드시켜야 하고 처리

결과에 대해서는 서울시 응답소에 접속한 다음 답변등록을 해야 하기 때문이다.

상당한 절차가 수동으로 처리되기 때문에 담당주무관은 시민신고가 과태료부과요건을 구비했더라도 자신의 업무편의를 위해 그냥 일반 단속요청민원처럼 처리해버리지 않았을까 추정할수 있다.

〈과거의 시민신고 처리 흐름도〉

지금은 이러한 문제들을 개선하여 1일 200건 이상 신고가 접수되고 있고 그 중 80%이상은 과태료부과 요건을 구비하여 자치구에서 과태료부과 처분을 하고 있다. 스마트폰 보급이 확대되고 있는 상황에서 앱을 통한 신고 활성화가 필요한데 서울스마트불편신고 앱 성능을 개선하여 신고편의성을 높였으며 자치구 과태료부과 처분절차를 편리하게 하여 담당자 업무 부담을 줄이도록 시스템을 개선한 결과이다.

앞으로는 신고편의성을 더 높이면서 신고대상항목도 확대하여 장기적으로는 시민신고가 차지하는 건수가 전체 단속건수의

10%이상 차지할 수 있도록 해야 할 것이다. 현재 서울에서만 매년 300만 건이 단속되고 있는데 30만 건 이상은 시민신고가 차지하였으면 하는 것이 일차적인 목표이다.

〈 여전히 낮은 시민신고율 : 전체 단속건수의 2.1% 점유('18.5.) 〉

송계 (천건)	단속공무원(시, 구) 단속				시민신고			
	계	CCTV(차량 주행형포함)	스마 트폰, PDA	소방관 단속	계	서울 시 앱	행안 부앱	응답소 (카택 스)
252	247	142	104	1.6	5.2	3.7	1.0	0.5

2017년에 1차 서울스마트불편신고앱 개선과 과태료부과 편의성 제고이후 시민신고건수 대비 과태료부과 비율은 지속적으로 상승하고 있는 것으로 나타나고 있다. (과거 5.9% ⇒ 현재 74%)

〈 서울스마트불편신고 앱 개선 이후 신고건수& 과태료부과율 〉

계	신고접수					과태료부과율 (%) (자치구)
	'17. 11월	'17. 12월	'18. 1월	'18. 2월	'18. 3월	
15, 156건	2,813	3,033	2,936	2,574	3,800	11,215 (74%)

자치구에서는 과태료부과 요건을 구비한 시민신고에 대해서는 엄정하게 과태료 부과가 이루어지도록 해야 한다. 의견진술 심의 과정에서 단속공무원에 의해 단속된 것 보다 더욱 엄격하게 다루어져야 한다.

요즘은 차내에 블랙박스 설치가 많아져서 시민들이 신고하는데 상당한 용기를 필요로 하고 있다. 어떤 경우에는 생명의 위협까지 느낀다면서 신고했던 건을 취소시켜달라는 어려움을 호소하는 분도 있었다. 아무리 공익신고자 보호법이 있다하더라도 가슴 아픈 일이 아닐 수 없다.

2013년 교통법규위반 시민신고제 시행이후 2017년 하반기에 주요 신고매체인 서울스마트불편신고 앱의 성능을 대폭 개선하여 신고의 편의성을 높였다. 게다가 자치구에서 과태료부과 요건을 구비한 신고건수가 늘어나면 힘들어했던 후속조치를 쉽게 할 수 있도록 처리시스템을 개선한바 있다.

그런 자치구 주무관들의 어려움들을 해소해주기 위해 2017년 하반기에 시민신고 처리시스템을 개선하면서 과거에 시민신고처리과정에 아무런 역할을 하지 않았던 서울시 교통지도과가 할 역할을 추가하였다.

우선 120시스템(응답소 시스템)과 서울시 주차단속시스템을 연결하여 과태료부과요청 시민신고 건에 대해서는 120시스템에서 바로 서울시주차단속시스템으로 넘겨주도록 하고 넘겨받은 자료를 서울시 교통지도과 시민신고 담당공무원이 대사하여 과태료부과 요건이 성립한 것으로 판단하면 즉시 서울시과태료부과시스템에 업로드시킨다. 그러면 과태료 부과권한을 가지고 있는 자치구 시민신고담당자가 다시 한 번 과태료 부과요건 충족여부를 재차 확인하고 이상 없으면 클릭 하게 된다. 그러면 절차에 따라 과태료부과 절차가 진행되게 된다.

구청 주무관들은 과거에 비해 업무 부담이 많이 경감된 것은 사실이다. 그 외에 서울스마트불편신고앱을 아주 편리하게 사용하도록 성능개선을 하였다. "과태료부과요청" 항목을 메인메뉴에 추가하였고 과태료부과 요건이 사진 두 장간 시차 1분을 자동으로 체크되도록 하는 등 신고 편의성을 높였다.

사실 이 시스템을 획기적으로 개선한 것은 2017년에 시민신고 업무를 담당했던 이경수 주무관과 권순구 팀장의 노력 덕분이었다. 이 자리를 빌려 감사드린다.

소화전도 시민신고제 적용!!

2017년 시민신고제 업그레이드 이후로 많은 시민들로부터 과태료부과 신고 대상범위를 확대해 달라는 민원이 많이 발생하였다. 게다가 2017년 제천화재 참사이후 소방 활동 지장을 주는 "소화전 주변도로 주·정차위반 차량"에 대한 신고대상 추가 건의('18.2. 소방재난본부)가 다수 있었다.

거기에다 관계부처 합동 『안전무시관행 근절대책』 7대 관행 중 1순위가 불법주정차로 선정(소화전, 보도, 횡단보도, 교차로)('18.5.) 되면서 소화전 주변 등 꼭 필요한 장소에 대해 과태료부과 시민신고 대상 장소로 포함하는 것을 집중 검토하게 되었다.

1차 신고시스템 업그레이드 이후 1년이 경과한 2018년에는 과태료부과요청 시민신고대상을 확대하는 작업을 추진하여 그해 12월에 정식으로 신고범위에 넣어 확대하게 되었다. 먼저,

소화전 주변, 소방활동 장애구역, 버스정류소를 과태료부과 요청 시민신고 대상 장소로 확대하는 것에 대해 시민(자치구) 의견을 수렴하였는데 응답자의 76.8%가 찬성하는 것으로 조사되었다.(소화전에 대해서는 84.2%가 찬성)

자치구 관계부서 의견도 청취하였는데 소화전에 대해서는 의견이 있었다. 즉, 지하식 소화전은 시민인식도가 낮은 관계로 홍보를 많이 한 다음에 추가했으면 좋겠다는 의견을 제시한 것이다. 타당한 논리였다. 그래서 우선은 시민인식도가 높다고 할 수 있는 "지상식소화전"만 추가하기로 하였으며 버스정류소나 소방활동 장애구역은 정상 추진키로 하였다.

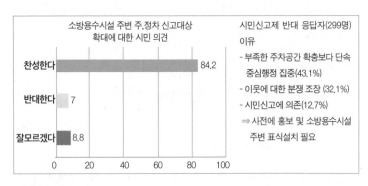

※ 설문기간(2018.6.8.~6.13), 참여자 2,341명, 서울시 온라인 여론조사(시민소통담당관)

구 분	지상식 소화전	지하식 소화전	비상식 소화장치	연결송수구
종 류				
시민인식도	높 음	낮 음 (맨홀유사)	낮 음	낮 음
신고수용도	높 음	낮 음	낮 음	낮 음

※ 소방용수관련 시설 현황 : 59,846개소(지하식 42,389, 지상식 17,073, 저수조 304, 급
　수탑 80)

그런데 자치구에서는 소방활동 장애구역은 법상 단속불가한
장소로서 시민신고대상도 되지 않는다고 하면서 반대의견을 내
기도 하였는데 법률자문결과서를 공유하여 무마하기도 하였다.

주차된 차량이 통행을 방해하거나 소방용 차량의 통행을 방해할 우려가 있
는 등 도로교통에 위험을 초래하고 있는 경우라면 단속대상임('18.2. 법률자
문의뢰 결과)

관건은 서울스마트 불편신고앱 성능개선이었다. 관련 부서와 지속적인 협의를 거치면서 교통지도과 자체적으로 추진할 사항은 차근차근 준비하게 되었다. 내부 방침을 수립하고 행정예고를 실시하였으며 마지막으로 서울시 관보에 고시를 한 후 2018년 12월부터 즉시 시행하게 되었다.

오랜 시간 같이 함께 준비해준 김유빈 주무관에게 감사드린다. 입사한지 얼마 지나지 않았지만 유관부서와 긴밀하게 협의해가면서 치밀하게 작업하여 성공적으로 시행하는데 있어 일등공신이었다. 게다가 시민신고 안내를 위한 홍보동영상과 리플렛을 만들고 있어 많이 기대가 된다.

시민신고 안내 리플렛

5

업무 다변화, 승부수를 던지다!

서울시의 단속공무원들은 멀티플레이어다! 2002 월드컵축구에서 히딩크 감독의 한국대표팀이 보여줬던 멀티플레이어 전술과 같은 개념이다. 수비수가 공격수까지 겸하는 것이 축구에서 멀티플레이어였듯이 교통지도단속 공무원들도 이전에 도로에서 발생하는 한 가지 위반행위만 규제하던 것을 상호 관련성 있는 여러 위반행위를 함께 단속하는 것이다.

주차단속공무원의 경우 이전에는 자동차의 위반 행위 중 한 가지인 불법주차만 오로지 단속하였었는데 지금은 불법주차 단속 외에 자동차번호판 가림단속(자동차관리법), 택시 등 사업용 차량의 정류소질서문란행위(여객자동차운수사업법), 전용차로 위반행위·이륜자동차 보도주행 단속(도로교통법) 등 상호 연관성

도로교통법상 「정차 및 주차 금지」 장소(법 제32조)

아래 장소에서는 잠깐 정차(5분 범위내)도 불허

1. 교차로 · 횡단보도 · 건널목이나 보도와 차도가 구분된 도로의 보도

2. 교차로의 가장자리나 도로의 모퉁이로부터 5미터 이내인 곳

3. 안전지대의 사방으로부터 각각 10미터 이내인 곳

4. 버스정류소를 표시하는 기둥(표지판) 또는 선으로부터 10미터 이내인 곳.

5. 건널목의 가장자리 또는 횡단보도로부터 10미터 이내인 곳

6. 소방용수시설 또는 비상소화장치가 설치된 곳으로부터 5m 이내인 곳

7. 지방경찰청장이 도로에서의 위험을 방지하고 교통의 안전과 원활한 소통
   을 확보하기 위하여 필요하다고 인정하여 지정한 곳(황색 실선, 표지판)

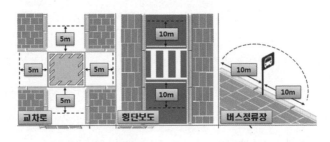

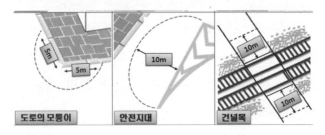

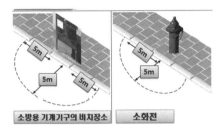

소방용 기계기구의 비치장소 | 소화전

도로교통법 「주차금지」 장소 (법 제33조)

아래의 장소에서는 잠깐 정차(5분 범위내) 가능. 단, 다른 차량의 소통에 방해가 되는 경우에는 도로교통법시행령 제11조제2항에 따라 과태료 부과 단속

1. 터널 안 및 다리 위

2. 다음 각 목의 곳으로부터 5미터 이내인 곳

　가. 도로공사를 하고 있는 경우에는 그 공사 구역의 양쪽 가장자리

　나. 「다중이용업소의 안전관리에 관한 특별법」에 따른 다중이용업소의 영업장이 속한 건축물로 소방본부장의 요청에 의하여 지방경찰청장이 지정한 곳

3. 지방경찰청장이 도로에서의 위험을 방지하고 교통의 안전과 원활한 소통을 확보하기 위하여 필요하다고 인정하여 지정한 곳 (황색 점선, 표지판)

있는 위반행위를 함께 규제하게끔 직무범위를 확대시켰다.

마찬가지로 심야에 승차거부 단속하는 공무원들도 이전에는 오로지 택시의 승차거부 단속만 하였었는데 지금은 택시 승차거부 단속 외에 경기도 면허 택시 등의 사업구역 외 영업행위, 정류소질서문란행위, 허위 예약등 표시 단속과 같은 상호 연관성 있는 위반행위를 함께 규제하게끔 직무범위를 확대시켰다.

이는 단속공무원 경쟁력 제고를 통해 교통지도단속체계 고도화를 완수하려는 전략차원에서 지난 2015년에 교통지도과에 부임하자마자 단속현장을 둘러보면서 연구하여 마련하게 되었다. 불법주차 단속공무원들이 도로현장에서 주로 맞닥뜨리는 대상들은 주로 승용차, 택시, 화물차, 관광버스 등이다. 그런데 같은 불법주차이면서도 단속하는 대상은 승용차만 주로 하고 있었다.

택시나 관광버스가 정류소에 버젓이 장기간 불법주차하는 경우에 시내버스가 정상적으로 정류소에 진입하는 것을 방해하여 버스승객들이 위험한 차로를 횡단하여 버스승하차를 하는 광경을 자주 목격하곤 한다. 그 위험성은 차단해야 하는데 지금까지는 불법주차로 단속하려면 조금씩 움직여서 단속을 회피하였다.

불법주차로서 단속은 쉽지 않다고 구청 직원들이 말하는데 그렇지 않다. 버스정류소가 도로교통법상 주차나 정차가 금지되는 장소로서 발견즉시 단속을 할 수도 있다. 이 경우에 "운전자가 현장에 있는 경우 단속 요령"을 활용하면 가능하다.

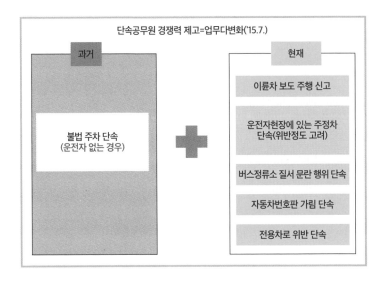

그러나 여객자동차운수사업법에 의하면 택시나 관광버스 등의 사업용 차량이 정류소에서 승객을 기다리는 행위는 질서문란행위로 처벌할 수 있도록 되어있다. 이 경우 처분청은 과태료를 최고 20만원까지 부과할 수 있다.

그 외 전용차로를 위반하여 정차하고 있는 차량에 대해서는 전용차로 위반으로 단속할 수 있는데 서울시가 단속하면 수입은 시 수입으로 귀속하게 된다. 그 외 단속을 교묘하게 회피하기위해 고의로 자동차번호판을 가리는 행위는 자동차관리법에 따라 50만원까지 과태료를 부과할 수 있어 그렇게 하도록 하고있다.

이러한 업무 다변화는 강남지역 등에서 활발하게 운영중인

발렛파킹(대리주차)으로 인한 무분별한 불법주차에 대해 효과적
으로 제어할 수 있는 수단으로 활용되고 있다.

지금은 단속공무원 4~6인을 한 개 조로 편성하여 업무다변
화와 같은 다양한 단속요령을 활용하여 그런 상습 불법 발렛파
킹에 효과적으로 대응하고 있다.

《 주요 규제 수단 》

○ (정류소 불법주차) ㉠ 택시 · 관광버스 : 여객자동차운수사업법상의 정류
　소 질서 문란행위로 단속(과징금 20만원), ㉡ 기타 차량 : 불법 주 · 정차단
　속 (과태료 4~5만원)

○ (보도 · 횡단보도 등 불법 주 · 정차) "운전자가 현장에 있는 경우 요령" 단속

○ (보도와 건축후퇴선에 걸침 주차) 보도 불법주차로 단속

○ (버스전용차로 불법 주 · 정차) 전용차로 위반으로 단속(5만원~6만원)

○ (번호판 가림) 자동차관리법 제10조 위반으로 단속(과태료50만원)

○ (이륜자동차 보도주행) 경찰에 범칙금 부과 의뢰(신고)

〈 발렛파킹 불법주차 단속 활동- 언론보도 〉

서울시 교통지도과 소속 주차단속 요원들이 2일 오후 서울 강남구 인근 식당 앞 도로에서
불법 주차 단속을 벌이고 있다(왼쪽 사진). 단속이 시작되자 '주차 아저씨'들이 차량을 옮기
기 위해 뛰어가고 있다. 장승윤 기자 tomato@doonga.com

6

자전거교통순찰대 창설

　요즘 서울에 따릉이를 출퇴근 등 이동수단으로 활용하시는 시민들이 많이 눈에 띈다. 이미 2018년도에 따릉이 이용객이 100만 명이 넘었다고 한다. 2018년 5월에 개통되어 7월부터 본격 운영하는 종로 자전거전용차로가 비록 절반의 성공을 거두었다고 하고 있지만 앞으로 서울 곳곳에 자전거도로가 많이 설치될 예정이란다.

　가끔 멋진 복장을 하고 자전거를 타고 자전거도로를 순찰하시는 단속공무원들을 보실 수 있는데 이분들은 자전거교통순찰대원들로 종로 등 자전거전용차로를 통행해서는 안 되는 이륜자동차나 승용차 등이 주행하거나 주차하여 자전거 통행을 방해하는 경우에 계도하거나 단속활동을 펼치고 있는 중이다. 물론 다른 도로에서는 일반적인 불법 주정차를 단속하기도 한다.

자전거교통순찰대는 사실 두 가지 측면을 고려하여 창설하게 되었다. 주차단속은 크게 보면 차량을 이동수단으로 하여 사람이 단속하는 경우와 고정식CCTV에 의한 무인단속으로 구분할 수 있다. 물론 요즘은 시민신고가 활성화되고 있어 한 축을 차지하고 있는 형편이지만······.

차량으로 이동하다보면 출퇴근시간대에는 차량정체가 심각하여 단속차량이 일반차량 틈 속에 파묻혀서 움직이는 것이 불가능할 때가 많다. 민원처리 해야 할 장소까지 이동하는데 상당한 시간이 소요되어 효율성이 떨어지는 판단 하에 신속성을 높이고자 친환경적인 교통수단인 자전거를 이동수단으로 하는 단속반을 창설한 것이다.

게다가 자전거전용차로 신규조성, 따릉이로 대변되는 공공자전거 확대도입과 자전거전용차로 확대설치 계획에 맞춰 "이자제자(以自制自)— 자전거는 자전거로 제어"한다는 컨셉으로 탄생하게 되었다. 지금이야 웃으면서 옛날이야기처럼 말할 수 있지만 창설과정에 우여곡절이 많았었다.

자전거교통순찰대원 16명을 필기시험과 현장 테스트를 통해 이미 뽑아 놨는데 복병이 나타나서 창설이 불투명한 상황에 이르게 되었다. 자전거 교통사고가 빈번한 상황에서 가장 기본적인 것은 안전보장이다. 즉 자전거교통사고 발생에 대비한 보험가입이 선행되어야 하는데 현실은 그러한 보험을 찾기가 어려웠다. 과거 이명박 정부 시기에 자전거타기를 활성화시키면서 자전거관련 보험이 많이 탄생했다가 시간이 경과하면서 모두 소멸되었다는 것이다.

특히 자전거를 이용하여 단속 활동하는 경우를 가정한 보험은 더더욱 찾을 수가 없었다. 담당팀장이나 담당자도 처음해보는 일이어서 갈피를 잡지 못하고 시간만 계속 흘러가고 가슴이 타들어갔는데 이러다간 자전거순찰대 창설은 물 건너갈 판이었다. 더 큰 문제는 채용시험도 자전거순찰분야가 있었고 자전거타기 테스트를 거쳐 단속공무원을 채용해 놓은 상태여서 약속 위반이었기 때문에 잘못하다간 큰 곤경에 처할 수도 있는 상황이었다.

보험회사 다니는 친구들에게 문의해 봐도 뾰족한 답을 주는 친구가 없었다. 다양한 채널들을 파악하여 가능한 방법들을 암중모색하는 심정으로 찾았었는데 민간부문에서는 그 답을 찾을 수가 없었다. 우여곡절 끝에 찾아낸 것이 지방공제회에서 운영 중인 영조물 공제보험이었다. 매년 1백만 원의 보험료를 납부하면 대인, 대물해서 1억 원까지 보상해주는내용으로 즉시 당해 보험에 가입하여 자전거순찰대를 창설할 수 있었다. 지금도 그때를 생각하면 아찔한 순간이었다.

지금까지 순찰대원 중에 큰 교통사고를 일으키거나 차량으로부터 사고를 당한 분들이 나타나지 않아 얼마나 다행인지 모를 일이다. 채용시험과목 중의 하나로 자전거타기 테스트가 있었는데 60이 넘은 연령 지긋한 분들이 가파른 오르막길을 주행하느라 힘들게 페달을 밟고 주행코스에서도 조금의 실수를 하지 않으려고 고군분투하는 모습들을 보면서 너무 힘들게 해드리는 것은 아닐까?하는 생각이 들곤 하였었다.

여하튼 지금 그분들은 멋진 제복 모습과 자신감 넘치는 표정으로 도로현장에서 불법주차 단속과 전용차로 위반 차량에 대해 공정한 단속을 실시하고 있다. 건강도 지키고 교통질서도 확립하고 일석이조!

순찰대 창설과정에 많은 분들께서 걱정과 우려를 했던 것 같다. 사실 그동안 내가 했던 일은 기존의 단속방식을 모두 새롭게 하는 것이어서 실패로 끝나기를 바라는 직원분들도 있지 않았을까 생각해본다.

자전거교통순찰대 신설, 외국인관광객대상 택시불법운행 단속반 신설, 6개 지역대의 4개 지역대로 통폐합, 장기 재직직원 과내 강제교류, 공정한 단속을 구호로 "운전자가 현장에 있는 경우 요령 활용 단속" 기법의 현장 적용, 단속공무원 근무실적 평가체계 획기적 개선, 단속공무원 순환근무 실시, 단속공무원 1일 5시간 근무제 도입, 토·일/공휴일 연계한 혼합근무 실시 등 다양한 개선사업에 대해 엄청난 반감들을 모든 직원들이 가지고 있었다는 것은 자명한 일일 것이다.

다행히 지금까지 아무런 사고 없이 지난 4년을 지낼 수 있었던 것도 지금까지의 개혁 작업이 그래도 성공했기 때문이 아닐까 자문해 본다. 어떤 본부장이 자전거교통순찰대 창설을 "쇼" 아니냐고 반문하는 시의원에게 "새로운 단속시스템 도입에 의의가 있다"고 평가한 바 있었는데 많은 언론과 방송에서도 나름 신선하다고 생각했던지 적잖게 보도되기도 하였다.

앞으로 자전거도로가 확대되고 따릉이 등 공공자전거가 확대되면서 자전거교통순찰대의 역할이 보다 클 것으로 예상하며 단속공무원들의 건강과 서울의 교통질서 확립 두 마리 토끼를 다 잡았으면 하는 바람이다.

지난 3년 여간 팀장, 직원들의 노력으로 엄청난 성과를 나타냈다고 자평한다. 자전거교통순찰대를 만드는데 기여한 손 모 주무관은 지금은 나와의 오해를 풀었다고 생각하지만 그 당시에는 과장과의 관계에서 서먹서먹한 무언가가 있었다. 다른 팀에서 잘 근무하고 있던 직원을 하루아침에 운수지도2팀으로 발령 내 자전거순찰대를 만들라고 했으니 얼마나 많이 원망했겠는가?

그 분이 열심히 해줘서 자전거교통순찰대가 빠른 시일 내에 뿌리내리는데 많은 도움을 받을 수 있었다. 자전거교통순찰대 운영초기에 각종 언론사와 방송사로부터 활동에 대한 취재지원 요청이 있었다. 새로운 단속체계 도입에 따른 신선함 때문이겠지만 지금 종로에 자전거전용차로 운영에 따라 다시금 각광을 받고 있는 것을 그 직원이 본다면 얼마나 자랑스러워할까?하는 자조어린 생각을 해보기도 한다.

자전거교통순찰대는 단속공무원 근무형태 개선의 모범사례이기도 하다. 매일 5시간씩 주 4일 근무하고 있는데 다른 단속공무원들은 같은 주당 20시간 근무시스템이지만 1일 8시간 격일로 근무하기 때문에 한 주에 2일 내지 3일만 근무하게 된다.

　자전거를 매일 8시간 동안 타는 것이 위험할 수 있기 때문에 그렇게 한 것이지만, 또 한편으로는 단속이 불필요한 시간대에 불필요한 단속이 행해지는 것을 최소화하기 위해 1일 5시간 근무제 도입은 필요하기 때문이다. 물론 1일 5시간 근무제로 인해 많은 분들이 출근일자가 늘어난 것이 사실인데 그로 인한 불만 역시 온전히 과장인 내가 감당해야 할 몫인 걸 어찌하랴!!!

7

자긍심과 투명성의 상징 – 제복 디자인!

단속현장에서 단속공무원들은 때로는 단속을 당한 분들로부터 거센 저항을 받기도 하고 때로는 심한 욕설과 신체적 위협을 받기도 하는 등 험한 일을 겪는다. 근무복은 근무자의 정체성을 상징하면서 근무기강을 바로 세우고 단속의 궁극적 지향점을 시민들에게 보여주는 중요한 상징물이라고 생각한다.

멋진 신사도 예비군복만 입으면 망나니가 된다는 우스갯소리가 있지 않은가? 그만큼 근무복이 의미하는 바가 시간과 장소에 따라 달라질 수 있음과 옷이 사람에게 특히 절도 있는 일을 해야 하는 단속공무원에게는 얼마나 중요한지는 새삼 강조하지 않아도 알 수 있을 것이다.

단속공무원 근무복은 서울시 주차단속공무원의 근무복조례

에 근거하여 제작하여 착용토록 되어있는데 초기에는 주로 여성이 단속업무를 수행하는 관계로 조례에 규정된 디자인도 모두 여성을 전제로 만들어져 있었는데 이는 현재의 단속인력 대다수가 남성으로 구성되어 있는 상황을 제대로 반영하지 못했던 것이 사실이다.

그러다보니 조례에서 규정한 디자인을 활용하지 않고 계절별로 필요한 근무복을 기성복으로 구매해서 착용토록 하였는데 이는 단속공무원의 복장이 시민에게 전달하고자 하는 의미에 한계가 있었다.

과거의 근무복은 나이 많은 단속공무원들의 의견을 수렴하여 기성복으로 구매하였었는데 색상이 너무 어두웠다. 춘추복과 동복은 주로 검정색으로 하였으며 하복은 회색계통으로 하였었는데 색상이 너무 어둡고 견장이라던지 표출 문구 등이 없는 관계로 일반 시민들이 단속공무원임을 알아볼 수 없도록 되어 있었다. 그래서 주차단속공무원이 불법주차된 차량을 단속한 후에 그 장소를 떠나면서 위반자를 스쳐지나가도 위반자가 단속공무원임을 인식할 수 없을 정도였다.

그와 같이 무엇인가 감추는 듯한 어두운 바탕(명찰 부착, 모자)의 근무복을 개선하여야 한다는 의견이 제시되었다. 그래서 먼저 취했던 조치가 단속공무원들로 하여금 형광색 안전조끼를 착용하게 하였는데 그에 대한 반발도 조금 있었다. 특히 야간에 택시승차거부 단속활동을 하는 분들이 어두운 색상의 근무복을 착용하고 근무하는 것이 사고위험이 커질 수 있으니 보다 눈에 잘 띄는 형광색 안전조끼를 착용하고 근무토록 한 바 있었다.

단속실적도 중요하지만 단속공무원 스스로의 안전을 생각하여 형광색 안전조끼를 착용하고 근무토록 한 것인데 이에 대해서 단속실적이 대폭 감소할 것으로 우려하는 목소리가 커서 얼마 동안 시범 착용해보고 그 결과를 봐가면서 착용여부를 결정하기로 하였다.

당연한 이야기일지 모르겠지만 단속은 사전 안내도 해야 하고 현장에서 단속하고 있다는 사실을 알려줌으로써 위반행위를 하고자 하는 욕구를 저감시키는 효과가 나타나게끔 하는 것 역시 의미가 있다. 단속을 많이 하는 것도 중요하지만 위반행위를 예방하는 것도 근무복이 지향하는 중요한 목표가 될 수 있는 것이다. 손자병법에서 말하는 "싸우지 않고 이기는 것"이 전쟁에서 최고의 목표 아니겠는가?

형광색조끼를 시범 착용한 전후를 비교해 보니 단속실적에 있어 별 차이가 없는 것으로 나타났다. 그에 따라 심야 단속공무원들은 계속 형광색조끼를 착용하는 것으로 결론을 내게 되었다. 아주 작고 소소한 일화였지만 근무복에 대한 고민은 이렇게 시작되었다.

어두운 색깔은 스스로의 신분을 감추어서 마치 숨어서 단속하는 느낌을 줄 뿐만 아니라 단속공무원의 자긍심도 수축하게 만들어 선제적이고 적극적인 단속을 기피하게 만드는 부정적 효과가 나타날 수밖에 없을 것으로 생각한다.

형광색 조끼 착용이후에도 여전히 단속현장에서는 시민들이 조롱 섞인 말투로 "용역업체 직원이냐" "주차관리원이냐" 는 등 사기를 떨어뜨리는 불미스러운 말들이 들리곤 하였다. 경찰복장과도 비슷하여 단속공무원의 정체성을 나타낼 수 있는 근무복 디자인 개선이 절실했었다.

또한 심야에 택시승차거부 단속활동을 벌이는 단속공무원들은 외국인관광객들이 길을 물어보는 경우에 친절하게 안내해주거나 택시 잡기가 어려운 경우에 택시를 잡아주는 서비스 등을 제공하고 있는데 그들에게 서울시의 단속공무원이라는 신분을 노출시킬 필요성도 부각되기도 하였다.

2015년도 부임이후부터 근무복 디자인 개선을 계속 이야기 하였지만 정상적으로 추진되지 못하다가 2017년도 예산에 디자인개선비용을 반영하여 본격적으로 관련분야 전문가와 자치구 공무원으로 『단속근무복 디자인 개선위원회』를 구성하여 수차례 회의를 거쳐 개선된 디자인 안을 마련하게 되었다.

눈에 잘 띄는 초록색으로 제작해 시인성을 높였다. 상의 뒷면에는 '서울특별시 교통질서확립'이란 문구를 넣어 시민들 누구나 서울시청 소속의 단속 공무원임을 알 수 있게 했다.

　택시 승차거부 등에 노출될 수 있는 외국인관광객도 알아보기 쉽게 어깨휘장에 있는 서울시 로고와 모자에도 영문을 넣었다. 연중 야외에서 근무하는 만큼 동·하절기와 춘추복으로 구분해 제작했다.

　당초에는 관련조례를 개정하여 그 격을 높이려고 하였으나 "단속공무원근무복 디자인이 무슨 조례로 규정할 사항이냐?"라는 회의적 반응이 본부내부에서 나오는 바람에 시 방침으로 정하는 것으로 바꾸게 되었다. 그러한 논란이 야기된 이면에는 주차단속에 대해 평가절하 하는 부정적 시각도 있지 않았을까하

는 생각이 들어 담당 부서장으로서는 섭섭한 마음이 들기도 하였다.

단속공무원 근무복 디자인을 하고자 했던 이유는 단속공무원으로 하여금 자긍심을 가지고 꼭 필요한 단속에 대해서는 선제적으로 하게끔 유도하고 시민들에게는 경각심을 심어주어 위반행위를 억제하는 시각적 효과를 거두고자 하는데 있다. 만약 자치구에 근무하는 칠백여 명의 단속공무원도 함께 착용하게 된다면 나름대로 의미 있는 일이 될 것이다. 그럼에도 자치구에서는 제작비용, 단속인력이 소규모인 점 등을 이유로 예전처럼 기성복을 구매하여 착용하는 방식을 고집하는 것 같아 아쉬운 마음을 금할 수가 없다.

| 춘추모 | 춘추모 | 동모 |

8

외부 전문가 영입 – 교통지도조직 활로 확보

단속을 제대로 하려면 제대로 된 단속조직이 정비되어야 한다. 단속도 정책이 필요하고 매뉴얼도 있어야 한다. 특히 단속으로 인해 원치 않는 처벌 등을 감당해야 하는 사람들이 발생할 수 있기 때문에 새로운 규제를 시행하거나 기존의 규제업무를 개선하기 위해서는 명분과 전략 등에 대한 문서화가 필요하다. 단속과 관련해서는 여러 이해 당사자들이 존재하기 때문에 논리적이고 체계적으로 단속 필요성, 단속전략 등을 문서화하여 공유하여야 설명과 설득이 가능하기 때문이다.

결국 단속현장과 처분과정을 모두 알면서 새로운 단속계획을 문서화할 수 있는 전략가가 필요하다. 내가 4년 동안 재직하면서 절실히 느꼈던 부분이기도 하다. 새로운 단속정책이 수립되어 현장에서 뿌리내리려면 관련당사자(단속공무원 뿐만 아니라 그 대상이 되는 시민들, 단속결과에 대한 행정처분 담당 공무원 등) 모두가 공유할 수 있는 문서화된 명분과 필요성이 제시되어야 할 것이다.

현황과 실태를 정확히 분석하여 우리가 하는 단속업무의 함의를 살펴보면서 우리가 하는 행위가 어떤 의미로 시민들에게 다가가는지를 판단하고 보다 나은 규제서비스를 제공하기 위해 우리가 어떻게 개선시켜야 할 것인지를 논리적으로 정확하게 문서화하고 단속매뉴얼화 할 줄 알아야 한다.

열정과 의지! 단속행정은 규제업무로서 복지업무 등 공급행정과 달리 최고정책결정권자에게는 그리 환영받지 못하는 업무인 관계로 직원들의 열정과 의지가 매우 중요하다. 규제업무는 소금과 같은 존재이다. 평소에 소금은 흔하고 흔한 재료인 관계로 그 진가를 알아주지 않으나 일상생활에 없어서는 안 될 필수품인 것은 누구나 수긍하고 있다.

우리 부서에서 하는 규제서비스는 우리 사회의 소금과도 같은 없어서는 안 될 필수 역할임에도 불구하고 많은 시민들로부터 비난을 받기도 하고 내부적으로도 칭찬을 받지 못하고 있는 것이 현실이다. 이런 환경에서 일하고 있는 직원들의 열정과 의지 없이는 하루하루를 버텨내기 어려울 것이다.

교통지도과에는 사무실에서 근무하는 직원들만 80명에다 도로현장에서 근무하는 칠백여명이 활동하는 대부대이다. 그들은 서울시민과의 접점에서 단속과 계도라는 규제행정을 집행하고 있다. 시민들은 그 분들을 통해 서울시를 접하게 되니 그 분들이 얼마나 소중한 분들인지는 두말 할 필요가 없을 것이다.

서울시정에 대한 전파자로서 시민과의 접점에 위치한 전문가로서 소양과 전문성을 겸비하고 교통질서확립에 대한 열정과 의지를 가진 사람들이 조직에 몸담고 있어야 앞서 언급했던 단속체계 고도화가 가능할 것이다. 그런데 과거의 교통지도과 현실은 그렇지 않았다. 단속을 왜 해야 하는지? 어떻게 단속인력을 효율적으로 운용해야 하는지? 협업관계에 있는 자치구와의 관계를 어떻게 설정해야 하는지? 이런 고민을 지속적으로 해야 하는데 현실은 그저 있는 조직을 그럭저럭 연명하는 분위기가 모든 조직원들을 둘러싸고 있었던 것이다.

단속공무원들도 좋고, 그들을 지도하는 관리직원들도 좋고, 그래서 좋은 게 좋은 식으로 조직이 흘러가다보니 단속전략, 단속수요 변화에 따른 선제적 대응 등 기본적인 단속비전, 전략 등을 찾아보지 못했었다.

사업용 차량의 불법행위 단속도 마찬가지이다. 택시회사에 문제가 있다는 시민제보가 있어 직원들이 택시회사를 방문하여 조사하겠다고 하기에 그렇게 하지 말도록 했던 적이 있었다. 제대로 된 조사능력을 갖춘 직원들이 현장에 나가서 조사해도 어려운데 그런 능력이 없는 직원들이 현장에 나가면 괜히 망신당할까 봐 걱정되어 나가지 못하도록 조치한 기억이 새롭다. 뿐만 아니라 우리 부서의 주요업무 하나인 교통불편 신고조사 업무역시 담당조사관들의 뛰어난 조사능력이 필요하다.

실제로 교통불편 신고민원의 10%수준만이 자치구에서 과태료(과징금)부과 등 실질적인 처분으로 이어지고 나머지 90%는 단순 주의나 경고 처리되고 있는 실정이다. 단속공무원이 현장에서 어렵게 승차거부로 단속하는 경우에도 처분권이 서울시로 환수되기 이전에는 처분율이 50% 수준에 이르는 등 아주 낮아서 단속의 실효성이 확보되지 못했었다.

이런 상황에서 서울시가 관련조례 개정을 통해 행정처분권을 환수하였으며 현재는 행정처분율이 80~90%에 이르렀다고 하니 놀랄 일이다.

내가 교통지도과장으로 부임하면서 이처럼 시민들에게 중요한 일이 최고결정권자의 관심권 밖에 있다는 이유로 직원들이 마지막으로 선택하는 비인기부서가 되어버려 시대흐름에 적절하게 대응하는 규제서비스가 아닌 구태의연하고 관행화된 규제서비스로 시민의 안전 확보에 제대로 역할을 다하지 못하고 있던 현실이 너무나 개탄스러웠다.

교통지도과 직원들은 남들이 알아주지는 않지만 음지에서 시민안전과 택시 승객들의 안심귀가 등을 위한 의지와 열정이 필요하고 비록 위반자라 할지라도 측은해 할 줄 아는 "측은지심"을 가지면서 작은 위반 행위에 대해서는 약하게, 위반행위 정도가 중한 경우에는 강하게 대응하는 탄력적 단속마인드를 가지고 있어야 한다.

행정공무원들은 순환보직 특성상 교통지도 단속업무나 심층 조사 등에 있어 취약할 수밖에 없어 외부에서 훌륭한 분들을 모셔오는 방법을 심도 있게 강구하였다.

그러한 방안으로 선택한 것이 외부에서 전문성과 경쟁력을 갖춘 인재를 주당35시간 근무하는 형태의 시간선택제 임기제 공무원으로 채용하는 것이었다. 아무래도 근무시간을 높이면 연봉도 높아지고 각종 수당도 더해져서 경쟁력 있는 분들이 들어와서 조직의 전문성을 끌어올릴 수 있을 것이라는 판단에서였다.

2016년도에 처음으로 주당 35시간 분들을 12명을 채용하여 다음 해 3월부터 교통불편신고조사팀이나 운수지도 1팀에서 조사관이나 현장 단속원으로 근무하게 하였다. 그동안 일반 직원들이 담당하면서 어려워하였던 심층 조사·단속 업무들을 성공적으로 수행하기 시작했다.

교통불편신고조사 업무를 담당하는 조사관들은 택시승객들이 제기하는 부당요금, 승차거부, 불친절 신고에 대해 심도 있는 조사를 하여 처분청인 자치구에 처분을 의뢰하여야 하는데 대부분이 전직 경찰 출신들이 많이 배치되어서 체계적인 심층 조사가 가능하여 자치구에서 행정처분을 제대로 하는데 많은 영향을 주고 있는 것으로 나타났다.

120다산콜로 접수되는 교통불편신고에 대한 자치구 처분율이 조금씩 상승하고 있는 것으로 분석되었다. 2018년 4월부터는 12명의 신규임명 된 조사관들로 교통신고조사팀을 전면 재편성하였으며 그 중 6명으로 교통사법경찰반을 구성하여 일명 도급택시라고 하는 명의이용 법인택시들을 단속하는 업무를 추진하고 있다.

그 이전에는 상상도 할 수 없었던 일들을 하고 있는 것이다. 명의이용택시로 의심되는 회사의 불법행위를 찾아내기 위해 검사의 지휘를 받아 압수수색영장을 발급받아 택시회사를 급습하거나 피의자를 체포하여 심문하는 등 정말로 과거에는 상상할 수 없었던 일들을 진행하고 있다.

현재 도급택시를 운영하는 택시회사들이 상당히 많다고들 한다. 도급택시는 과거와는 달리 단속하기가 쉽지 않다. 과거에 비해 더욱 교묘하게 불법을 자행하고 있어 그것을 입증하기 위해서는 고도의 수사력을 요한다. 도급기사들도 4대 보험을 모두 가입하고 임금도 일반 직원들과 똑같이 지급하는 것처럼 해서 세무서에 신고도 하기 때문이다.

그런 상황에서 그 모든 것이 허위임을 밝히고 택시회사 사장이 도급기사를 직접 관리하고 있지 않음을 각종 회계자료, 운행자료 등을 판독해서 입증해야 하고 피의자 심문을 통해 확정해야 하는데 이를 위해서는 고도의 수사능력을 갖춘 경찰출신의 우수한 수사관도 필요하고 회계업무와 전산업무 등에 박식한 수사관들이 필요로 하고 있어 그러한 분들로 이 함께 근무하고 있는데 앞으로 많은 성과를 거둘 것으로 예상하고 있다.

9

꼭 필요한 단속 위주로 전환

단속은 탄력적이어야 한다. 특히 주차단속은 더욱 탄력적이어야 한다. 도로상의 모든 불법주차를 단속한다면 시민들은 어떤 반응을 보일까? "주차공간이 절대적으로 부족한데", "단속이 만사가 아니다. 주차공간을 먼저 확보하라", "생계형 차량은 어떻게 하라고", "세금이 부족하니 주차단속으로 세금 충당하려느냐" 등 온갖 부정적인 입장을 나타낼 것이다.

예전에 드론을 이용하여 주차단속을 하는 구상을 한 적이 있었다. 상습적인 불법주차가 발생하는 지역을 선정하여 시범운영하는 안이었는데 불법주차가 일상화되어있는 현실을 고려하고 시민들이 불법주차에 대해 갖고있는 관대한 생각들을 고려하여 드론단속 시범운영은 없었던 일로 하게 되었다.

주차단속은 그만큼 시민들의 삶에 미치는 영향이 매우 커서 다른 행정분야와는 다르게 기계적 단속과 같은 엄격한 법집행이 어렵기 때문에 불가피하게 "위반정도가 중한 경우에는 중하게 단속, 그렇지 않은 경우에는 약하게 단속"과 같은 탄력단속 전략이 주효하다.

　그런 관점에서 보면 먼저 단속공무원의 편의주의적 단속관행을 개선하여야 하는데 그에 앞서 해야 할 일이 주차단속공무원의 근무시간 조정이었다. 하루에 8시간 격일로 근무하는 근무시스템을 바꿔야 했다. 내가 교통지도과장으로 부임해서 보니 모든 단속공무원은 주당 20시간 근무하는 시간선택제 임기제 공무원들이었다. 지금은 주당 20시간부터, 30시간, 35시간 근무하는 다원화된 시스템으로 바꿔었지만……

　하루에 8시간을 근무하다 보니 주차단속의 필요성이 상대적으로 적은 한가한 시간대(非출·퇴근시간대)에도 엄격한 단속의 손길이 뻗쳐 불합리한 단속이 이루어지고 있다는 판단을 하였다. 두 가지 이유에서 그렇게 생각해 볼 수 있다.

　첫째는 나이가 60이 넘은 고령자 단속공무원들이 하루에 8시간 단속차량을 운전하면서 단속하는 것이 과연 적정한가? 생각해봐야 할 것이다. 젊은 사람들도 하루 8시간 자동차를 운행하면서 단속하는 것이 힘들 것인데 65세, 70세가 넘는 고령자들에게 장시간 운전하도록 하는 것은 부적절하기 때문이다.

　게다가 단속현장이 얼마나 가혹한가? 불법주차가 상습적으로 발생하는 장소에서 제대로 단속하려면 많은 시간과 에너지가 소비된다. 단속과정에 위반자(피단속자)와 심한 갈등이 발생하기 일쑤인데 단속 장소에서 30분 이상 붙들려서 심한 욕설과 신체적 위해 협박까지 받기도 한다. 거기서 가까스로 벗어난다 하더라도 스트레스로 인해 더 이상의 단속은 쉽지가 않다.

나도 단속공무원들과 주차단속현장에서 합동 단속하다가 겪기 힘든 경험을 한 적이 있었다. 관악구 방면의 남부순환로 주변에 위치한 모 유명 음식점이 발렛파킹을 하고 있어서 10여명의 단속공무원들과 합동으로 주차단속을 하게 되었다. 그 후 주변도로에서 계속 주차단속을 하는 과정에 보도에 불법주차된 차량을 발견하여 단속하게 되었다.

그런데 차주가 나타나서는 단속차량 앞쪽 도로에 드러누워서는 나오지 않는 게 아닌가? 단속할 거면 자기를 깔아뭉개고 가라는 것이었다. 한참을 옥신각신하는 과정에 별의별 욕설을 다 듣게 되었는데 평생 들었던 심한 욕설보다 더 많이 들었던 게 아닌가 싶을 정도였다.

그때 단속현장에 나를 포함하여 10여명의 단속인력이 있었음에도 불구하고 한명의 위반자에게 거의 30분 이상 시달리고 나니 그 다음에는 단속하고픈 생각이 쏴악 달아나 버렸던 생각이 든다. 보통 2인 1조로 단속하는 경우에는 그런 경우를 당했을 때에는 그냥 계도만하고 자리를 떠 버렸을 것이다. 그러면 스트레스가 없고 편안한 마음으로 다른 장소로 가서 운전자가 현장에 없는 차량만 찾아 과태료부과 단속만 할 것이다.

그 사건 이후 더욱 1일 8시간 근무하면서 단속하는 현행 근무체계에 대해 회의를 느끼기 시작했다. 제대로 된 단속을 하려면 현행 8시간 근무를 1일 5시간 내지 6시간으로 축소하여 근무하는 것이 필요하다는 생각을 하게 되었다. 물론 단속공무원들이 평균 65세 정도 되는 현실을 고려해서도…….

거기에다 당시 주차단속공무원평가 지표가 1일 평균 10건 이상, 1시간당 1건이었다. 즉 1일 주차단속 실적이 많으면 많을수록 우수한 평가를 받게 되는 구조로 되어 있었는데 거기에다 특정시간대에 몰아서 단속하면 감점조치 하겠다는 내용이다.

당시 평가지표에 따르면 출퇴근시간대와 비교하여 차량소통 상황이 상대적으로 양호한 그 외의 시간대에도 출퇴근시간대와 같은 단속강도를 요구하고 있는 불합리성이 내포되어 있었다. 물론 1시간에 1건 단속은 단속공무원들을 믿을 수 없었기 때문에 불가피하게 선택한 대안이었을 것이다.

제한된 단속역량을 고려해서 상대적으로 단속공무원의 손길이 더 필요한 시간대, 즉 퇴근시간대나 차량통행량이 증가하는 시간대에 집중 단속하는 것이 합리적인 것으로 생각하여 단속공무원의 근무시간 조정을 강구하게 되었다.

집중·탄력근무제 시행!!

장소에 따라 다를 수 있겠지만 오전 11시부터 오후 4시까지, 오후 3시부터 오후 8시까지와 같은 시간대가 차량통행량이 증가하면서 불법주차도 증가하는 시간대로 이해되는 바 그 시간대에 단속공무원을 집중 투입하기 위해서는 1일 5시간이나 6시간 근무제가 보다 현실적이었다.

이전부터 문제가 되었던 유명 대형음식점의 발렛파킹 업체에 의한 불법주차와 자동차판매전시장 등 주변도로의 불법주차 상습화에 대해 대처하기 위해서는 점심과 저녁시간대의 짧은 시간동안 단속인력 집중투입과 같은 실효적 대응이 필요한데 그 방안이 1일 5시간 또는 6시간 근무제 도입이었다.

거기에다 토요일과 일요일에도 일부 지역에서는 불법주차단속 수요가 증가하고 있어 평일수준과 유사한 단속인력 증원이 필요한 것도 고려해서 1일 근무시간을 축소하여 남는 근무시간을 주말에 쏟아 붓도록 하는 방안도 필요하였다.

그런데 문제가 발생하였다. 그렇게 하고 싶어도 할 수가 없도록 되어 있었다. 당초 채용공고를 낼 때 공고문에 근무조건을 1일 8시간 격일근무로 엄격하게 정했기 때문이었다. 인사부서에 협의한 결과 채용공고상의 근무조건은 임용이후 계약기간 종료까지(최장 5년간 근무가능) 유효하다는 것이다.

그래도 당사자가 동의하는 경우에는 1일 근무시간 조정이 가능하다고 하나 현실적으로는 불가능한 얘기가 된 것이다. 그래도 지역대에 강제적으로 할당하여 우선 전체 단속공무원의 20%정도를 1일 5시간 근무제로 편성토록 하였다.

제도적으로는 '16년도부터 단속공무원 채용 시에 채용공고란에 근무조건을 "매일 근무와 격일근무 모두 가능"로 바꿔서 시행하기 시작했다. 그래서 지금은 1일 5~6시간 근무가 가능하게 되었으며 꼭 필요한 시간대에 집중단속이 가능하도록 근무조를 편성하게 되었다.

일부 단속공무원은 1일 6시간 근무하고 평일과 주말(공휴일)을 혼합하여 근무하게 하고 있는데 단속공무원입장에서는 불만이 많지만 제대로 된 규제서비스를 탄력적으로 제공할 수 있는 앞서가는 근무체계라고 할 수 있다.

그런데 근무체계 조정의 일대 사변이 발생하게 되었다. 올해('18년) 개정 공무원연금법 시행('18.10.1.)으로 140여명의 전직이 공무원이었던 단속공무원들이 일시에 조기 사직함에 따라 어쩔 수 없이 서울시의 주차단속범위를 축소하게 되었다. 현장단속 조직인 지역대도 4개에서 3개로 축소하였다.

서울시가 그동안 6차로 이상 도로에서 단속하던 것을 6차로 이상 도로 중 발렛파킹으로 인한 상습불법주차가 발생하는 장소나 쇼핑몰·문화·공연장·광장 등 다중이용시설 주변도로와 민원다발지역 등 200여개소만 집중관리(주차단속+민원처리)하는 것으로 하였다.

그러면서 서울시에서는 이번 조치를 계기로 앞으로 주차단속에는 최소의 인력을 투입하고 대신 심야 승차거부 단속과 명의 이용택시 단속 및 승차거부 처분 등 사업용 차량 불법운행 단속과 처분 분야에 대체 투입할 계획이다.

그런 과정에 서울시 주차단속공무원(주로 지역대 소속)들은 주당 근무시간(20시간, 30시간)과 관계없이 모두 하루에 6시간씩 근무토록 조정하게 되었다. 서울시가 단속하는 시간도 축소(07시~22시 ⇒ 10시~20시)되어서 1일 6시간 근무체계로 전환하는 게 더욱 합리적이게 되었다.

게다가 주말조와 평일조로 구분하여 근무하던 것을 폐기하고 모든 단속공무원(주당 20시간)들이 주말과 평일을 혼합하여 근무토록 재편하였다. 더 나아가 근무일이 공휴일인 경우에도 근무하는 것으로 하였다.

사실 근무시간 조정은 교통지도 수요변화에 탄력적으로 대응하면서 탄력적인 주차단속이 가능하게 하여 시민들의 단속에 대한 수용성을 높이기 위해 선제적으로 필요한 조치였다. 그러나 그런 조정을 받아야 하는 단속공무원 입장에서는 가장 싫어했을 것이라는 것은 불문가지이다. 주당 근무일수가 하루 이틀 정도 더 늘어났기 때문이다.

그동안 시행했던 여러 가지 단속체계개선 중 근무시간 조정은 모든 단속공무원들이 가장 싫어하고 반대하였던 것이었다. 부서장이 직원들을 편안하게 해줘야 좋은 소리를 듣게 되는데 나는 반대로 더 불편하게 해드렸으니 나에 대한 원망이 얼마나 컸겠는가? 과장이 음덕을 쌓아야 하는데 되래 깎아 먹고 있었으니…….

보기에 따라서는 아주 작은 일인 것 같은 이야기를 이렇게 소상하게 밝혀두는 것은 새로이 교통지도업무를 맡으신 분들께서 지난 역사를 기억해 주었으면 하는 바람이다. 이전에 교통지도과에 몸담았던 수많은 직원들에 의한 고민의 결과물이 현재는 아주 자연스러운 것으로 이해되고 있을 것인데 이전에 수고한 사람들의 노고를 알아주었으며 하는 바람이 담겨있는 것이다.

〈 과거의 암울했던 상황을 나타내는 지표(2015년 상황) 〉

- 근무형태는 주당 20시간 근무제만 운영되었고 60세 이상의 고령자가 70% 이상이었음
- 채용 시 응시자격 제한이 없어서 인천 등지에서 출퇴근하는 단속공무원들은 주차단속업무만 수행하는 등의 업무분장에 애로
- 승차거부 단속공무원들이 외국어 소통능력이 없어서 내국인 대상 승차거부행위만 단속

10

단속체계 고도화

사실 제대로 된 규제서비스를 제공하려면 단속체계가 고도화되어야 한다. 꼭 필요한 규제를 제 때에 제대로 할 수 있어야 한다. 제한된 행정력을 고려할 때 꼭 필요한 단속이라 함은 여러 위반행위 중에서도 시민들에게 피해나 영향을 상대적으로 많이 끼치는 행위에 대해 행정력을 집중하여 효과적으로 관리하는 것을 말한다.

모든 위반행위를 모두 단속하고 규제하는 것은 어차피 불가능한 일이다. 그렇기 때문에 단속전략과 전술이 중요하다. 경찰들이 평소 가벼운 경범죄에 대해 단속활동을 진행하다가 가끔은 중대 범죄인 조직폭력을 검거하여 언론에 노출시키고 있는데 이는 치안상황을 불안하게 느끼는 시민들을 안심시키는 효과뿐만 아니라 기존의 조직폭력세력과 조직폭력 세력으로 커가는 범죄집단에게 경각심을 심어주는 효과적인 단속전략이라 할 수 있다.

사회적으로 물의를 일으킬 수 있는 중대한 위반행위에 대해서 모든 단속역량을 투입하여 한 두 사건을 집중적으로 단속하여 엄정하게 처분함으로써 유사한 위반행위를 하고 있거나 하려는 잠재적 위반자들에게 경각심을 심어주어 미래에 발생할 수 있는 다수의 중대범죄행위를 사전 박멸하는 효과가 나타나게끔 하는 단속전략이 교통지도단속업무에도 반드시 필요하다.

또 다른 단속전략은 "강하게 단속할 때(곳)에 강하게, 약하게 단속 할 때(곳)에는 약하게"일 것이다. 그런데 현실은 그렇지 않으니 문제가 되는 것이다. 단속현장을 들여다보면 "강하게 단속 할 곳과 장소에서는 약하게, 약하게 할 곳과 장소에서는 강하게"하는 등 공정하고 정의롭지 못한 단속이 도처에서 벌어지고 있는 것이다.

불법주차단속을 예로 들면 위반정도에 상응하는 단속수준(강도)이 적용되어야 하는데도 그와 관계없이 운전자가 현장에 없는 한적한 곳에 주차된 차량만 과태료 부과하는 불공정한 단속관행이 아무런 문제의식 없이 단속공무원들에 의해 현장에서 자행되고 있었다.

시민의 안전과 직결되는 보도, 횡단보도, 정류소 등에 불법주차하면서 보행자들에게 많은 불편과 사고위험을 제공하는 경우

에는 그 외의 장소와는 다르게 엄격하게 단속을 시행해야 함에
도 불구하고 운전자가 나타나면 단속을 유예하고 한적한 곳에
주차된 차량만 과태료부과나 견인하는 현행의 단속시스템은 분
명 개선되어야 한다.

거기에다 상습적이고 고질적인 불법주차발생 장소에서는 단
속공무원들이 갈등을 예상하여 단속을 회피하고 그렇지 않은
곳에서만 단속하거나 교통소통이나 보행에 큰 지장을 주는 경
우에도 운전자가 현장에 있거나 나타나면 무조건 계도만하는
등의 불공정하고 납득이 되지 않는 관행도 개선되어야 한다.

택시 등 사업용 차량의 불법운행을 규제하는 것도 결국은 택
시서비스 수준을 제고하기 위한 것으로 이전에는 주로 택시운
전자 개개인의 일탈행위로 간주하여 8만 명이 넘는 운수종사자
들을 대상으로 직접 규제하는 전략을 활용하였지만 그보다 앞
서 법인택시 경영자들의 올바른 지도감독을 유도한다면 택시서
비스 수준 제고에는 보다 효과적일 것이다.

택시서비스 평가에서 상위권에 위치한 택시회사들은 운전자
채용에 그리 큰 어려움이 없다고 한다. 운수종사자들에게 복지
후생을 잘 해주니 기사들이 승객에 대한 서비스도 좋아지고 경
영도 잘 되어 모두가 윈-윈 할 수 있는 것이다. 결국 택시회사
경영자들이 제대로 경영을 하여 택시운전자들의 근로조건을 개
선시켜서 승객에 대한 서비스 수준제고를 이끌어내기 위해 그
간 손 놓고 있었던 택시회사의 불법적인 경영에 대해서도 비록

일부 영역이지만 손을 대기 시작했다.

택시 서비스 수준을 높이기 위해서 두 가지 전략을 마련하여 활용하기 시작한 것이다. 즉 종전의 운수종사자 위반행위 중심의 단속체계를 보완하여 택시사업자의 불법적인 경영행위를 직접 규제하는 것이다.

첫째는 택시운행과 관련한 비용은 모두 택시회사에서 부담해야 함에도 일부 회사에서는 운수비용을 운수종사자에게 부담시키는 행위에 대해 조사를 해서 관련법규 위반사실이 확인되는 경우에는 그에 따른 적정한 행정처분을 시행하고 있다.

'16년 10월부터 시행된 '택시운송사업의 발전에 관한 법률' 제12조에 따라 지도감독을 강화하게 되었다. 운수종사자의 처우개선을 위해 택시회사가 택시의 구입 및 운행에 드는 비용 중 택시구입비, 유류비, 세차비, 교통사고처리비용 등을 운수종사자에게 떠넘기는 행위를 금지시키고 있으나 일부 회사에서는 여전히 발생하고 있었다.

그래서 '17년 10월부터 교통지도과 운수지도 1팀 조사관들이 의심되는 택시회사들을 조사하여 필요한 행정처분을 취하게끔 하고 있다.

둘째는 택시회사는 운전면허 정지중인 자를 택시 운행업무에 종사시켜서는 안 되는 데도 불구하고 운전자 대체 채용 애로 등을 이유로 계속 운전대를 잡게 하는 회사들에 대해서도 그에 따른 적정한 행정처분을 시행하고 있다. 중대한 교통사고를 일으켰던 운전자들은 일정기간 운전면허가 정지될 수 있고 다시 운전을 하려면 반드시 재교육을 받아야 한다.

일부 택시 회사에서 운전면허가 정지됐거나 정밀검사를 수검하지 않은 부적격자의 택시운행을 묵인하는 등 도덕적 해이가 심각한 것으로 확인되어 지난 '17년도부터 택시 운수종사자들의 자격관리를 강화하고 있다.

운전면허 정지자가 해당기간에 운행을 하게 되면 도로교통법상 무면허 운전에 해당된다. 또한 사고 또는 각종 법규위반으로 벌점초과(1년간 81점)가 된 경우 운수종사자는 교통안전공단에서 실시하는 정밀검사를 받아야만 운행을 계속할 수 있게 된다.

지난 '17년도에 교통안전공단으로부터 운전면허가 취소 또는 정지됐거나 특별검사를 수검하지 않은 것으로 나타난 택시운전 부적격자 명단을 확보해 특별점검(기간 : '17.5.~10.)을 실시해 92명을 적발하여 필요한 행정처분을 취하기로 하였다.

요즘은 택시사업자들이 쉽게 돈을 벌 수 있는 "명의이용 택시" 가칭 "도급택시"를 단속하고 있다. 경영자가 정상적인 경영 대신 쉽게 돈 벌 수 있는 방법으로 몇몇 전문 브로커에게 택시를 맡겨 운영토록 하면서 택시 1대당 일정 금액을 받아 챙기는 것인데…, 이러한 명의이용택시는 승차거부, 불친절이 사라지지 않도록 하는 대표적인 불법경영의 하나로 택시서비스를 획기적으로 개선하기 위해 반드시 척결되어야 할 병폐중의 병폐이다. 다만 그러한 행위를 적발하는 데는 엄청난 시간과 노력이 수반될 뿐 아니라 담당 수사관들의 고도의 전문성 겸비가 필요하다.

이러한 일들이 제대로 가능하기 위해서는 단속체계가 고도화되어야 한다. 규제와 단속을 하려는 쪽과 그것을 회피하면서 불법을 교묘하게 자행하려는 쪽이 서로 양립하고 있는 현실에서 규제하는 쪽이 보다 제대로 된 단속시스템을 마련하는 것이 우선해야 할 것이다. 전문성 있는 단속인력이 충원되어야 하고 현장에서 제대로 규제하기 위해서는 적절한 단속 전략과 전술, 단속기법 등이 마련되어야 할 것이다. 또한 경찰, 교통안전공단과 같은 유관기관 등과의 업무협업체계 구축 또한 중요하다.

단속체계 고도화 실행 전략과 한계

참으로 안타까운 일이었다. 꼭 필요한 단속! 시민들로부터 박수받는 단속! 이를 위해서는 부서장으로부터 주무관에 이르기까지 전략적 사고를 할 수 있으면서 주요 파트너인 자치구, 경찰 등과 소통하고 협업할 수 있는 전문가들이 많이 있어야 한다. 우리의 부족한 전문성을 외부에서 수혈하기 위해 다양한 근무 시스템을 도입하게 되었으며 그로 인해 뛰어난 능력을 가진 분들이 많이 들어오게 되었으나 아직도 갈길이 멀다.

택시불법 경영행위를 집중적으로 단속·조사하기 위해 경찰·회계 전문가 등을 충원하였는데 이는 기존의 행정공무원들의 부족한 조사능력을 끌어올리기 위해서는 막대한 비용이 들어가야 하는데 외부에서 이미 훈련된 분들을 영입함으로써 그 비용을 절감하면서 선진적인 규제를 할 수 있게 되었기 때문이다.

이제 와서는 내부 직원들의 경쟁력이 문제가 되어버렸다. 시대 흐름에 따라 단속전략을 새로이 마련하고 유관기관과 협업하면서 단속의 컨트롤타워 역할을 제대로 하려면 상당한 수준의 업무추진능력과 의지를 소유한 직원이 장기간 동일업무에 종사하면서 현행 단속업무의 실태를 분석하고 개선시켜나가면서 단속체계를 고도화시켜 나가야 하는데 당시에는 그런 직원들이 부족하였다. 특히 주차단속분야에 일반임기제 공무원의 충원이 절실하였다.

주차단속분야를 예로 들면 서울전역에서 주차단속의 품질이 균질하게 제공되어야 하는데 자치구에 따라 단속기준도 다르고 단속전략도 제각각인데 우리 시에서는 아무 것도 모르고 그저 시가 직접 단속하는 것에만 집중하다 보니 정작 중요한 역할을 하여야 할 자치구에 대해서는 담을 쌓아버린 상태에서 단속공무원 채용과 관리가 오로지 단속업무의 전부인 것처럼 되어버린 것이 참으로 안타까운 현실이었다.

서울시 전체를 아우르면서 주차단속전략 수립 및 자치구와의 협업체계 구축, 단속지침 마련 등의 실태분석을 하고 그것을 토대로 개선안(보고서)를 만들 수 있는 업무추진능력과 자치구 직원들과 소통하면서 그들의 고충을 이해하고 그러한 것을 단속지침이나 시스템 개선 등으로 이끌어 낼 수 있는 능력을 보유한 직원이 지금도 절실하기만 하다.

그리하여 2017년부터 주차단속을 시·구 공동협력사업에 포함시켜 자치구에서 꼭 필요한 단속을 적극적으로 추진하도록 평가지표를 개발하여 운영하고 있다. 현재 교통지도과에는 사업용차량 불법행위 단속 분야에 두 명의 전문관이 활동하고 있는데 그 분들 덕분에 오늘날의 교통지도단속체계가 상당한 수준으로 고도화될 수 있게 되었다.

〈단속체계 고도화 주요 내용〉

2015년도 추진사항
- 업무내용에 맞춰 팀 명칭 변경 : 교통지도 1팀, 2팀 ⇒ 주차질서 개선팀, 운수지도팀
- 운수지도팀 세분화 : 운수지도팀 ⇒ 운수지도 1팀, 운수지도 2팀
- 현장조직 통합 : 6개 지역대(관리인력 36명) ⇒ 4개 지역대(24명)
- 외국인관광객대상 택시불법행위 단속반 운영
- 단속공무원 근무시간 조정 : 1일 8시간 ⇒ 1일 5~6시간
- 위반정도에 상응하는 공정한 단속 추진 : "운전자가 현장에 있어도 단속" 실시

2016년도 추진사항
- 자전거교통순찰대 창설·운영 : 16명
- 전문관직위 신설 3, 전문관 2명 선발
- 단속공무원 업무다변화 추진, 단속공무원 근무실적평가체계 근본적 개선
- 시·구 주차단속관계공무원 공동연수 최초 실시

- 단속공무원 순환근무 실시 : 승차거부 단속 ⇔ 불법주차단속
- 다양한 근무체계 도입 : 주당 20시간 근무 ⇒ 주당 20시간~ 35시간 근무

2017년도 추진사항

- 시·구 공동협력사업 평가에 "주차단속분야" 포함
- 교통법규위반시민신고제 앱 시스템 성능개선
- 주차단속 1분단속제 시행과 쇄설 : 구성상엽의외 안건 상성 (판내), 서소구만 시행(고속버스·남부터미널 부근)
- 주차단속알림서비스 폐지를 자치구에 권고
- 주차단속장소유형별 코드화 분류 시행
- 불법주차단속 관제시스템 구축사업 추진
- 단속공무원 근무복 디자인 개선
- 불법경영 택시회사 지도감독 강화
- 택시운송비용 전가금지위반 행위 단속
- 부적격자 택시 운행 단속

2018년도 추진사항

- 교통사법경찰반 구성, 운영(도급택시단속)
- 도급택시 운영 의심 업체 검찰 기소의견 송치
- 교통법규위반 시민신고제 적용대상 확대 : 소화전, 버스정류소 등 추가
- 개정 공무원연금법 시행에 따른 단속공무원 축소, 운영
- 상습불법주차발생지역 200개소 집중관리 계획 수립, 운영
- 주차단속 범위 축소 : 서울시 6차로 이상 도로 중 상습불법주차 발생지역 200개소로 한정

사실 교통지도과처럼 우수한 인적자원의 영입이 필요한 부서
도 드물 것이다. 여러 이유로 그렇지 못한 실정이어서 그동안
줄기차게 일반임기제공무원 충원의 필요성을 여러 차례 본부내
부에서 인사부서에도 제기하였으나 받아들여지지 않고 있다.
제대로 된 규제가 가능하기 위해서는 담당자들의 열정과 소양
이 충만하여야 한다.

　주차질서개선업무와 명의이용택시 단속업무에 일반임기제
충원이 절실한 상황이다. 그래도 지금은 부족한 부분을 주당 35
시간 시간선택제 공무원 채용을 통해 어느 정도 해소할 수 있어
그나마 다행이다.

3부

좌절, 그래도 의연하게

1

외국어 소통능력 필요! 사실은…

2016년도에는 서울시 단속공무원들은 외국어가 어느 정도 가능해야 한다는 판단이 들었다. 야간에 근무하는 택시승차거부 단속공무원들은 택시불편민원이 집중되는 홍대, 명동, 이태원, 강남, 동대문상가 등 20개소에 집중적으로 배치되어 운영 중인데 아시다시피 이런 곳은 외국인관광객들도 많이 다니는 지역이다. 그들도 승차거부와 부당요금 대상이 될 수 있는데 단속공무원들이 외국어로 소통할 수 없다면 단속할 수가 없게 될 것은 자명하다.

그래서 승차거부 단속하는 공무원들만이 아니라 모든 단속공무원들이 외국어 소통능력이 어느 정도는 구비해야 한다는 판단을 하게 되었었다. 그래서 단속공무원채용 계획 문서에 단속공무원의 외국어 소통능력을 평가하겠다는 내용이 들어갔는데 모 일간지 기자가 서울시청 행정포털에서 문서검색을 하다가 그 내용을 확인하고는 "주차단속 공무원도 외국어 가능해야 한다!"는 비아냥거리는 제목의 비판적 글을 게재한 바 있었다.

그 보도가 발단이 되어 본부장부터 최고결정권자까지 "누구든지 다 할 수 있는 단순한 단속업무하면서 무슨 외국어가 필요하냐", "과장과 너희 부서 직원들은 외국어 잘 할 수 있어!", "머리 아픈 일도 많은데 일 같지도 않은 일 하면서 괜히 시끄럽게 하지마라." 등 갖가지 멸시의 말을 듣기도 하였는데 어찌됐든 당시에는 없었던 일로 하게 되었다.

여러 비난어린 말들 중에서 내 심장을 비벼 팠던 말은 다름아닌 "아무 것도 아닌 일하면서 뭐 대단한 일 하는 것처럼 그리 시끄럽게 하느냐.", "교통지도과는 사고만 안치면 되는 부서"라는 것이었다.

그러나 속으로는 "현장에서 단속한번 해보세요! 제대로 된 단속업무를 하려고하면 얼마나 많은 생각과 소양이 필요한지, 담력도 있어야 하고 단속법규에 대한 지식도 갖추어야 하고 성실성은 물론하고", "알지도 못하면서 괜히……."

단속현장은 격렬한 전투가 벌어지는 전장과 같은 곳이다. 제대로 단속하려면 단속공무원들이 단속관련 법적 소양으로 무장을 하고 단속대상 또는 현장에 따라 그때의 위반정도나 상황에 맞춰 상응하는 단속 강도를 단속공무원이 선택하여 집행해야 한다.

그리고 서울은 외국인 관광객이 연간 천만 명 이상 방문하는 글로벌 거대 도시이다. 외국인 역시 택시 부당요금이나 승차거부의 희생물이 될 수밖에 없다. 그런데 거두절미하고 문제 있는 발상이라고 하면서 비난하는 행위는 담당과장으로서 지금도 납득할 수 없는 것이다.

어찌됐든 단속공무원 채용에 있어서 외국어 소통능력을 테스트하려는 계획은 뒤로 미루어야 했고 다음 해에 주당 30시간 근무하는 사업용 차량 심층단속분야로 한정하여 24여명을 선발하게 되었다.

영어, 중국어, 일본어 가 가능한 분들을 선발하여 외국인관광객들이 많이 붐비는 동대문상가(두타), 명동, 이태원, 홍대역 등에 집중적으로 배치하여 심야시간 승차거부 단속활동을 펼치고 있는데 외국인을 대상으로 하는 승차거부에 대해서도 단속이 활발하게 이루어지고 있다.

주차단속공무원들도 주당 30시간 근무하는 분들을 채용했는데 이 분들 역시 사명감으로 똘똘 뭉쳐 도심 내 상습불법주차 발생지역에서 몸을 사리지 않고 온 몸으로 불법주차 차량을 단속하고 있다. 참으로 고마운 분들이다. 1일 6시간씩 주 5일을 근무하고 있는데 민원처리보다는 상습불법주차 발생지역을 순회하면서 집중단속을 벌여 서울의 주차질서를 개선해 나가고 있다.

아쉬운 것은 이분들은 외국어 소통능력이 구비되어 있지 않아서 심약 승차거부 단속공무원들과 순환근무가 어렵다는 것이다. 늦은 밤에 근무하는 승하거부단속을 힘들어 하시는 분들이 있기 때문에 1년 주기로 주차단속업무나 바꿔줄 필요가 있는데 그렇게 할 수가 없는 형편이다.

이러한 특성을 고려하여 단속공무원 채용시험에 외국어소통능력을 평가해주는 것이 필요하다고 판단했던 것이다.

2

조직경쟁력 제고, 갈 길은 멀고…

전용차로 위반 단속업무를 추진 중에 있는데 매년 15만 건이나 된다. 과태료 부과액이 60억 원이나 70억 원 정도 되는데 매년 이와 같은 규모의 규제가 반복되고 있다. 지난 4년간 엄청난 변화와 함께 많은 직원들이 교체되었다. 맨 처음 교통지도과로 발령받아 왔을 때 답답한 마음을 금할 수가 없었다. 첫 느낌은 시민을 생각하는 규제보다는 먼저 우리 자신들을 위한 규제를 하고 있는 것이 아닌가하는 생각이 많이 들었다. 우리 자신들을 위해 규제라는 업무를 활용하고 있는 것 같은 느낌을 받았다.

심야에 단속공무원들이 택시 승차거부 단속활동을 벌이고 있는 단속현장을 방문한 바 있었다. 퇴근하기 전에 미리 심야시간에 현장에 한번 나가보겠다고 말해놓고 밤늦은 시간(대략 새벽 1

시정도)을 기다렸다가 종로1가로 나가봤다.

　도로현장에서 근무해야 할 8명의 단속공무원들이 추운 새벽 시간이어서인지 모두 주변의 햄버거 집(롯데리아)에서 쉬고 있었다. 추위 때문에 그러는 것 같아서 그냥 모르는 체하고 명동 주변으로 가보았다.

　그 곳은 운수지도팀 소속 정규 직원들이 단속활동을 벌이기로 되어 있었다. 혹한의 심야에 고생하는 직원들을 격려할 목적으로 이것저것 생각하면서 도착해보니 대략 새벽 1시가 안 되는 시간이었는데도 단속활동을 벌이고 있어야 할 직원들이 보이지 않는 것이었다. 그래서 전화를 해봤는데도 연락도 되지 않는 것이었다.

　할 수 없이 다시 종로 1가에서 현장단속활동을 진행하고 있을 단속공무원들을 격려하기 위해 그 곳으로 가보기로 했다. 1시간 정도 흘렀을 시간인데 여전히 8명의 단속공무원들께서 롯데리아 안에서 환담을 나누고 있었다. 참으로 답답했지만 현장에서 조용히 자리를 떴었다.

　주차단속공무원들과 함께 불법주차 단속현장을 체험해봤다. 단속을 꼭 해야 할 곳에서는 단속이 어려웠다. 교통흐름에 방해를 주거나 보행자 통행에 지장을 주는 불법주정차에 대해서는 강력하게 단속할 수 있어야 하는데 그와 같은 현장에서 단속공무원이 적극적인 단속을 하려고 하면 주변 상가 등에서 차주(운전자)들이 뛰어나와 거세게 저항하거나 사정하기 때문에 갈등회피를 위해 단속보다는 계도중심으로 하고 주차단속을 하지 않아도 될 만한 곳에서는 단속실적 평가를 고려해서 굳이 단속하는 모습들을 보고 있으려니 답답하기 그지없었다.

주차단속정책도 없어 보였다. 단속공무원들이 배정받은 지역을 순찰하면서 단속하도록 하는 것이 주차단속정책의 전부로 보였다. 즉 단속공무원 관리가 주차단속정책의 모든 것으로 보였다.

단속공무원들은 대부분 60세 이상으로 전직 일반공무원, 경찰, 군인 등 공무원출신이 다수를 차지하고 있었다. 과거에는 필기시험을 치르지 않고 면접시험만으로 채용하던 관계로 단속 관련 법령에 대한 소양 등이 부족한 분들도 많았다. 그렇지만 대부분 전직에서 화려한 경력을 가지신 분들도 많았다. 전직 구청 국장출신부터 은행지점장 출신, 군 대령 출신, 경찰서 과장 출신 등 화려한 경력을 가진 분들이 많았다.

2016년 1월에 교통지도행정팀 직원들 7명(팀장포함) 모두가 다른 부서로 일시에 전출을 가는 초유의 사태가 발생하였다. 여러 이유가 있을 수 있지만 과장의 리더십 부재가 가장 클 것이다. 충분히 소통하면서 천천히 교통지도업무를 개선해야 했었는데 너무나 급하게 몰아쳐서 빨리 끝내려고 하는 욕심에 하다 보니 그리된 것이었다.

직원들도 열심히 하려고하는 의지도 있었고 무엇보다도 순수하였으나 지금까지 해왔던 일과는 다른 일들을 하도록 요구하였으니 얼마나 떠나고 싶었겠는가?

앞에서도 언급했듯이 우리 부서 업무는 개선할게 너무 많았다. 규제업무 특성상 관련 이해관계자들도 다수여서 새로운 규제업무를 만들거나 기존의 규제업무를 개선할 경우에는 그것의 필요성과 명분 등을 명료하게 분석하고 정리하여 문서화하고 시행 전에 충분히 홍보안내를 하여야만 이해당사자들로부터 수용성을 높일 수 있기 때문이다.

그러한 문서에는 실태분석이 중요하다. 답이 거기에 다 있기 때문이다. 정확한 실태분석을 위해서는 지금까지 해왔던 일에 대한 비판적 사고를 토대로 문제점 등을 찾아내서 대안을 모색할 줄 알아야 한다. 그렇게 하려면 또한 많이 알아야 한다. 그런데 그런 일들을 많이 해보지 않았던 분들에게 그러한 일들을 하도록 하게 했으니 얼마나 많은 스트레스를 받았을 것이며 답답해 했을까? 충분히 이해한다.

3

조직 개편! – 또다른 어려움

한 부서의 주무팀 직원 7명이 같은 날에 모두 다른 부서로 이동한 초유의 사태가 발생한지 얼마 지나지 않아 또 다른 사태가 벌어졌다. 교통지도과장으로 일한지 1년 남짓 지나 서울시 노조에서 서울시 직원을 대상으로 한 부서장 평가에서 워스트5! 에 포함된 것이다.

모두 다 내 탓이었다. 그저 팀장과 직원들이 하자는 대로 했으면 그런 불미스러운 일도 없었을 것이고 1~2년 근무하다가 다른 부서로 발령나서 그럭저럭 평범하게 살았을 텐데…….

2015년도에 교통지도과에는 현장단속조직으로 6개의 지역대가 운영 중이었는데 그해 9월쯤에 4개 지역대로 통폐합한 바 있었다. 당시에는 통상 1개 지역대에 6명의 관리직 공무원이 배

치되어 120여명의 단속공무원과 교통질서계도요원을 관리하는
시스템을 가지고 있었는데 그 중 3개 지역대가 같은 건물(서울
시설관리공단) 같은 층(7층)을 사용하면서 서로 다른 지역을 관할
하고 있었다. 이러한 비효율적인 조직운영에 대해 고민끝에 3
개 지역대를 1개 지역대로 통폐합하고 남은 인력(관리직원과 단
속공무원)에 대해서는 다른 3개 지역대에 강제 배치하게 되었다.

〈지역대 통 · 폐합에 따른 광역화 현황 : 6개 ⇒ 4개('15.6월)〉

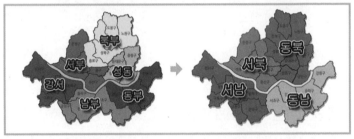

또한 교통지도과에 부임 직후 얼마 지나지 않아서 같은 팀에
서 6~7년 이상 장기간 근무한 직원 상당수를 강제로 다른 팀으
로 전환배치 한 바 있었다. 과거 민원처리 위주로 단속품질보다
는 "운전자가 현장에 없는 경우 위주로 단속"하는 불공정한 편
의주의적 단속에 익숙했던 단속공무원들에게 위반정도에 상응
하는 공정한 단속을 요구하면서 "현장에 운전자가 있는 경우에
도 위반정도가 중한 경우에는 과태료부과 조치 등 적정한 단속
시행"할 것을 요구하였다.

또한 도로교통법에 근거한 주차단속만 하지 말고 주차단속을

회피하기 위해 번호판을 가리는 경우에는 자동차관리법에 따른 "번호판 가림 단속"을 하도록 하였고 택시 등이 버스정류소에 오랫동안 정차하는 경우에는 여객자동차운수사업법에 따른 "정류소질서문란 행위단속"을 하도록 하는 등의 업무다변화를 추진토록 독려하였으며, 토요일과 일요일 및 공휴일에 근무하는 단속공무원들이 상대적으로 부족한 여건을 보완하기 위해 평일과 주말(공휴일)을 함께 근무하는 혼합근무제 도입, 주차단속업무와 승차거부 단속 업무를 1년 단위로 바꿔서 근무하게 하는 순환근무제 실시…….

그 전에는 모두가 편안하게 근무해왔었는데 엉뚱한 놈이 들어와서는 조직을 좌지우지하면서 수많은 직원들을 엄청나게 불편하게 만들었으니 그에 대한 민원이 어느 정도였는지는 상상하기 어렵지 않을 것이다. 그래도 그 당시를 돌이켜보면 과장으로서 당연히 했어야 한 일이었지만 지금 다시 그렇게 하라고 하면 도저히 엄두가 나지 않을 것 같다. 개혁이나 변화는 적당히 알고 적당히 시간이 흘러야 가능하다는 생각이 든다. 너무 많은 시간이 흘러버리면 변화를 추동하는 것 자체가 너무나 힘들어질 것이다.

먼저 6개 지역대를 4개 지역대로 통폐합하는 과정을 좀 더 상세하게 기술하고자 하는데 나름 그 의미가 있기 때문이다.

지역대는 주차단속업무와 택시승차거부 단속을 주업무로 하는 380여 명의 단속공무원과 350여 명의 교통질서계도요원을 직접관리하면서 현장단속과 관련한 일체의 업무를 추진하고 있었다.

2015년 이전에는 6개 지역대가 운영되고 있었는데 1개 지역대마다 6명의 관리직원이 120여명의 단속공무원과 교통질서계도요원을 관리하고 있었다. 그 중 3개 지역대가 마장동에 위치한 서울시설관리공단 건물 7층을 임차하여 공동으로 사용하고 있었다.

거기에다가 인사철이 되어 지역대 관리직원이 전출하면 직원보충이 어려울 것으로 판단되어 선제적으로 대응하기 위해 불가피하게 지역대 통폐합을 추진하게 된 것이다. 교통지도과는 연령이 50대 이상의 직원이 대부분이어서 매년 5~10명 정도가 정년퇴직하는 경향을 보이고 있는 상황에서 직원부족 현상이 조만간 현실화 될 것으로 우려하였었다.

예나 지금이나 규제업무는 시민들로부터 적극적으로 환영받지 못하는 업무인 특성상 윗분들의 관심이 상대적으로 적은 관계로 인력배정에 있어서도 항상 부족하기 마련이라고 생각한다. 그래서 스스로 구조조정을 추진할 수밖에 없는 상황이었다.

과거 36명이 지역대에서 근무하던 것을 4개 지역대로 통폐합하면서 24명이 근무하게 하였으니 엄청나게 축소된 것이었다. 그 당시 12명의 행정공무원들이 뿔뿔이 헤어졌어야 했고 폐지됐던 2개 지역대에 속했던 단속공무원들도 다른 지역대에 배치되어 흩어지게 되었는데 얼마나 많은 직원들이 그러한 일을 추진한 부서장에게 갖게 될 불만과 원성이 얼마나 깊었을 것인가?

사실 3개 지역대가 같은 건물 같은 층에 입주해서 개별 지역대별로 5내지 6명의 관리직원들이 근무하면서 120여명의 단속인력을 관리하고 있다는 것을 만약에 시민들께서 아신다면 비효율적인 조직운영에 얼마나 통탄해할까?

시민입장에서 생각하면 인력이 줄게 되면 소요 예산이 줄고 그만큼 시민복지 등에 사용되게 되어 시민세금이 제대로 쓰여지게 되었기 때문에 칭찬받을 만한 일이었지만 직원들 입장에서는 일순간에 너무나도 얼토당토 않는 일을 겪게된 것이었다. 그동안 오손도손 편안하게 잘 지내왔는데 그것을 깨트려버린 것이었기에 오죽 했겠는가 말이다.

한 부서에 6~7년 근무하는 것도 어려운 일이지만 놀랍게도 한 팀에서 만 6~7년 근무한 직원들이 제법 있었다. 깜짝 놀랄 일이었다. 여하튼 "물이 고이면 썩게 마련이다."라는 속담을 들먹이며 팀 간 직원이동을 강제적으로 실시하였다.

지금이라면 감히 엄두도 못 냈을 일이다. 행정공무원들은 잦은 인사이동으로 업무 전문성이 떨어진다고 하지만 교통지도과 특성상 부서도 아닌 팀에서 6~7년간 근무한다는 것은 문제가 심각하다고 당시에는 생각했었다.

"절대권력은 절대적으로 부패한다.", "고인 물은 썩게 마련", "장기근무≠업무개선" 등의 격언을 생각해보면 알 수 있듯이 한 업무를 오랜 기간 하다보면 매너리즘에 빠지기 쉽고 외부의 업무개선 요구에 미온적으로 대응하다가 개혁의 대상이 되기 일쑤였던 것을 알고 있다. 할 수 있는 일만 하게 되고 미래지향적인 일보다는 당장의 눈앞에 주어진 일만 하게 되는 것은 누구나 아는 진리일 것이다.

경쟁력 있는 조직으로 환골탈태하기 위해서는 불가피하게 매너리즘에 빠져있는 조직에 충격을 가할 필요가 있었으며 시민이 바라는 꼭 필요한 전략적 단속을 위한 인력재배치가 필요하였다.

부서장으로서 조직 관리에 한계도 있었는데 우수인력을 확보할 수 있는 인센티브가 없기 때문이었다. 어쩔 수 없이 과장 스스로 해야 할 일이 많았다. 스스로 아이디어도 내고 문서화하고 하는 과정에 주부팀장을 비롯해 팀원 모두(7명) 같은 날에 보따리를 싸서 다른 부서로 옮겨버린 것이었다. 충격적인 사건이었다.

정체불명의 팀명칭도 그랬다. 교통지도1팀 2팀… 팀 명칭만 들어서는 어떠한 업무를 하는지 알만한 시민은 드물 것이다. 1팀은 주차단속업무를, 2팀은 사업용 차량 위반행위 단속업무를 하고 있었다.

그래서 팀 이름만 들어도 누구나 알 수 있도록 "주차질서개선팀", "운수지도팀"으로 바뀌게 되었다. 조금 지나서 운수지도 1팀과 2팀으로 세분화하였는데 나름 전략적 선택이었다.

첫째는 팀을 나누어서 팀 간 업무경쟁을 촉발하자는 것이었다. 물론 업무적으로 중복되지는 않도록 하였지만 한 팀이 창의적으로 일을 하여 성과를 거두면 다른 팀도 분명히 긴장을 하여 무엇인가 하려고 할 것이라는 판단 하에 그렇게 한 것이었다.

다른 이유로는 다소 위인설관의 의미도 가지고 있었다. 우리 부서에서 실무사무관 한 분을 배출하였는데 그 분은 주차단속 분야에 특화된 전문성을 보유하였기에 다른 부서에서 팀장역할을 하도록 하는 것이 그 분을 위해서나 교통지도과를 위해서도 둘 다 손해이기 때문에 우리 부서에 팀을 신설하여 운수지도2팀장으로 재직하게 하는 것으로 한 것이다.

여하튼 운수지도2팀은 사업용 차량 불법운행 단속업무 중 외국인관광객 대상 택시부당요금 단속을 위한 전담반 운영, 이륜자동차 불법주차나 주행단속(신고) 업무를 중심으로 하는 자전거교통순찰대 운영을 주 업무로 하였다.

인간적인 근무체계 - 누구를 위한 것인가?

단속공무원들도 불만이 많았을 것임은 자명하다. 전에는 격일로만 근무했었는데 내가 과장으로 부임하면서부터 근무체계가 매우 복잡해졌다. 주차단속공무원들은 민원처리조와 기동단속조로 구분하였으며 그 중 기동단속조는 1일 5시간씩 근무토록 하여 불법주차상습발생지역에서 글자 그대로 기동단속을 강력하게 실시하도록 했다.

격일 근무를 하면서 1일 8시간 근무하면 상대적으로 주차단속이 덜 필요한 시간대에도 단속하는 불합리한 측면이 있어서 꼭 필요한 시간대에 더 많은 단속을 할 수 있도록 1일 단속시간을 축소하는 것이 필요하다고 생각했다.

 이전에는 주차단속공무원들이 격일로 근무하면서 하루에 8시간 근무하는 관계로 주차단속의 필요성이 상대적으로 적은 시간대에도 단속실적 평가를 생각하여 상대적으로 불필요한 단속을 하고 있다는 판단을 했다. 출퇴근시간대 등 혼잡시간대에 단속인력을 집중투입하고 그 외 시간대에는 근무하지 않게 함으로써 시민편의를 생각하는 단속이 가능하게끔 하려는 것이었다.

 단속공무원들과 함께 현장에서 단속업무를 할 때 느꼈던 것은 제대로 된 단속을 하려면 하루 8시간은 너무 힘들다는 것이었다. 현실적으로 60대 고령의 단속공무원들이 하루 8시간 동안 스트레스가 많은 주차단속을 한다는 것은 힘든 일이다. 특히 상습적인 불법주차발생지역에서 단속하려면 심한 욕설도 들을 수 있고 때론 멱살도 잡히기도 하는 상황이 종종 발생하는데 그런 상황을 한번 접하게 되면 스트레스로 인해 단속자체가 불가능하다는 것이다.

 그런데 단속공무원들은 하루 8시간 근무하고 다음날 쉬는 격일근무를 선호했다. 왜냐하면 그 이전의 단속은 불법주차 상습발생지역에서는 계도위주의 형식적인 단속으로 일관하고 과태료부과(견인조치)와 같은 실효적 단속은 회피했기 때문에 별로 스트레스가 없었던 것 같았다. 왜냐하면 현장에서 이동조치와 같은 계도만 하면 위반자가 그렇게 저항하지 않기 때문일 것이다.

또한 혼합근무조라 하여 평일과 토요일 공휴일을 함께 근무하는 근무조를 편성케 하여 상대적으로 단속인력이 적게 투입되는 주말과 공휴일에 단속인력을 증원하는 것과 같은 효과를 거두도록 하였다. 의외로 토요일에 도심의 교통량이 평일에 비해 그리 적은 편이 아니었다.

평일에 비해 주말에도 음식점, 상가, 공원, 문화공연(경기장)장 등 다중이용시설 주변이 불법주차 등으로 인해 교통소통흐름에 지장을 주거나 단속요청 민원 등이 집중적으로 발생하는 관계로 평일 수준과 비슷한 규모의 단속인력이 필요한 것이 사실이다. 그러나 현실적으로는 주말은 평일 단속인력의 30% 수준 정도를 유지하고 있기 때문에 평일과 주말을 함께 근무하는 혼합근무제 도입이 필요한 것이었다.

이 경우에 1일 8시간씩 격일 근무하던 것을 1일 6시간씩 근무하게하면 한 주에 3일 내지 4일 근무할 수 있어 기존의 한 주에 2일 내지 3일 근무하던 것 보다 근무일 수를 조금 더 늘릴 수 있기 때문에 단속인력 증원 효과를 볼 수 있다. 또한 한가한 시간대의 불필요한 주차단속도 줄일 수 있는 일석이조의 효과가 가능하나 그 이전과 비교하여 근무일수가 늘어나는 단속공무원들의 입장에서는 얼마나 싫어했겠는가?

뿐만아니라 단속공무원의 업무를 1년 단위로 바꿔주는 순환근무제를 도입했다. 1년간 주차단속업무를 했으면 다음은 심야 승차거부단속업무를 하도록 하는 것이다. 단속공무원의 업무는 대분류하면 두 가지로 볼 수 있는데 택시승차거부 단속과 불법 주차 단속이다.

단속현장에서 만난 단속공무원들과 업무관련한 대화 과정에서 놀라운 사실을 발견하게 되었다. 상당수의 단속 공무원들이 5년 동안 근무하면서 주차단속업무나 승차거부 단속업무 중 한 가지만 담당했다는 사실이다. 심지어 어떤 분은 세 번째 임용되어 10년 넘게 근무하고 있었는데 그 기간 동안 오로지 승차거부 단속업무만 했다는 것이다. 단속공무원은 시간선택제임기제공무원 신분으로 한 번 임용되면 특별한 사정이 없는 한 5년 동안 근무 가능한데 세 번이나 임용되었다는 것도 이상하지만 같은 업무를 10년 넘게 한다는 것은 너무나도 무책임한 행정인 것 같았다.

물론 한 업무를 오랜 기간 동안 하다보면 그 분야의 전문성을 높일 수는 있으나 예상치 못한 역기능 또한 나타날 수 있기 때문이다. 과장으로서 가장 걱정되었던 것은 만약에 근무 중 사고가 날 경우, 특히 심야 승차거부단속 하는 분들이 엄동설한에 예기치 못한 건강상의 사고가 발생한다면… 난감한 상황이 발생할 것이 불 보듯 뻔하다. 그리고 승차거부단속과 같이 심야에 야외에서 장시간(6시간) 선 상태로 근무하는 업무특성상 직업병과 같이 생체리듬의 변화를 가져올 수 있어 건강에 좋지 않은 영향을 줄 수 있기 때문에 최소 1년에 한 번씩은 업무를 바꿔줘야 한다는 생각이 들었다.

물론, 단속공무원들이 대부분 65세 이상 고령자로 구성되어 있어 특히 추운 겨울에 새벽 3시, 4시 까지 차가운 도로위에서 근무해야 하는 특성상 심각한 상황이 발생할 우려가 있으며 택시운수종사자들이 가끔 단속과정에 단속공무원에게 위해를 가해 부상을 당하기도 하고 생명의 위협을 느끼기도 하기 때문에 그 부담감을 덜어주기 위한 방법으로써 1년 단위로 업무를 바꿔주는 순환근무제 도입이 필요하였다. 사실 단속업무는 어떤 업무든 의지만 가지고 있으면 1~2개월만 근무하다보면 빠르게 습득가능하지 않을까 생각된다.

순환근무는 시민눈높이에 맞춘 단속행정 실현에도 기여하는 측면이 있었다. 겨울철에는 상대적으로 주차단속민원이 감소하는 반면 택시승차거부가 극성을 부리는 계절특성을 고려하여 시의성 있는 단속계획을 수립해야 한다.

즉 한정된 단속역량을 효율적으로 활용하기 위해서는 주차단속인력을 최소한으로 운용하면서 그로 인해 발생하는 여유 인력을 승차거부단속으로 전환배치해야 할 것이다. 전에는 겨울철에도 주차단속인력을 봄철이나 가을철 성수기 때와 똑같은 수준으로 유지했었는데 2016년도부터는 매년 연말 12월 1개월을 승차거부특별단속기간으로 정하여 주차단속인력 규모는 최소한으로 축소하는 대신 그로 인해 발생하는 여유 인력을 승차거부단속으로 전환하여 근무케 하고 있다. 그렇게 하려면 모든 단속인력들이 승차거부단속이든 주차단속이든 두루두루 할 수 있어야 보다 효과적일 것이다.

그러나 한번 맡은 업무를 오랜 기간 동안 하다보면 다른 일을 하는 것이 무척 힘들기 마련이다. 그것도 60이 훨씬 넘으신 분들로 하여금 순환근무제에 적응하도록 하는 것은 쉬운 일이 아니었다. 순환근무제를 반대하시는 분들이 시장실에 민원도 넣고 다양한 문제제기를 하였지만 정면 대응하면서 설득도 하고 해서 뿌리내리도록 하였는데 그 과정에 얼마나 많은 분들이 과장에 대한 원망하는 마음을 키웠겠는가?

지금까지의 일들만으로도 충분히 서울시 워스트(Worst) 간부 5에 선정되지 않았겠는가! 지금 다시 그러한 일들을 하라면 못할 것 같다. 그 당시에 지금 생각하면 스스로 무덤 파는 것과 같은 일을 할 수 있었던 것은 생각해 보면 두 가지 요인이 있었다고 생각한다.

첫째는 내가 건재하고 있다는 것을 보여주고픈 마음이 많이 있었던 것 같다. 어찌 보면 스스로 자포자기하지 않으려는 나와의 싸움에서 이기기 위해 부단히 노력했다고 긍정적으로 말하고 싶다. 물론 부서장으로서 당연히 해야 할 일이었다.

다른 한 가지는 단속전략의 부재에 대해 깊은 고민의 산출결과물이 아니었을까 싶다. 단속의 가장 기본적인 원칙은 공정성일 것이다. 그것은 위반정도를 판단하여 "강하게 할 때는 강하게""약하게 할 때는 약하게"라는 원칙을 현장에서 적용하는 것이어야 한다. 그런데 과거의 단속현장에서는 "강하게 해야 할 때는 약하게" "약하게 해야 할 때는 강하게"와 같이 불공정한 단속관행이 곳곳에서 이루어지고 있는 현실이 참으로 나를 가슴 아프게 했던 것이다.

그러한 관행을 당연시하면서 직업의식 없이 맹목적이고 편의주의적으로 이루어지는 단속행태에 대해 가슴아파하면서 어떻게든 경종을 울려주고픈 심정으로 그렇게 했던 것 같다는 생각이 든다. 물론 단속공무원들의 자긍심을 심어주고자 하는 동기도 있었음을 이해해주었으면 한다.

그러나 아무리 목적과 동기가 좋다고 하더라도 그 과정이 보다 따뜻하고 소통하면서 민주적인 절차를 밟아서 이루어졌어야 했는데 그렇게 하지 못해 많은 직원분들께 스트레스를 주고 그로 인해 많은 분들이 정들었던 부서를 떠나고 한 부분에 대해 지면을 통해 양해를 구하고 싶다.

더불어 나와 함께 고단한 조직개편과 단속체계 고도화를 성공적으로 추진해 준 박종원 팀장님(당시 주무관)에게 감사드린다.

4

인사가 만사 – 신중 또 신중해야

교통지도과 근무 4년째를 맞아 얼마 지나지 않은 어느 날 정년퇴직이 얼마 남지 않은 한 주무관이 심상치 않은 표정을 지으면서 나를 찾아왔다. 그가 쏟아내는 여러 말 중 지금도 귀에 맴도는 말은 "과장에게 청산가리를 뿌리고 싶다."는 것이었다. "정년까지 6개월 밖에 남지 않은 나를 다른 지역대로 발령냈느냐", "나한테 무슨 억하심정이 있느냐" 등 참으로 난감한 말들이 이어졌다. 장시간에 걸쳐 많은 대화를 나누었으나 그 분은 명퇴신청을 하겠다고 하면서 1주일 정도 지역대 출근을 하지 않은 것이었다.

결론부터 말하면 과장이 그런 말을 들어도 할 말이 없었다. 정년이 6개월 밖에 남지 않은 직원을 다른 근무 장소로 발령 내는 것이 적절한 조치가 아니었음을 누구나 공감할 수 있는 상황이었기에 솔직하게 그 직원 분에게 어쩔 수 없이 그리 했음을 양해해 달라면서 미안함을 표했었다.

사정은 이러했다. 한 지역대에 보통 5~6명이 근무하고 있는데 그 중 한 지역대가 6개월 후면 세 명의 직원이 한꺼번에 정년으로 그만두게 될 상황이 발생하였다. 이런 경우를 예상했다면 미리 오래 전에 근무지 재배치를 해서 리스크를 분산시켰어야 했는데 그렇게 못한 것이 잘못이라면 잘못이었다.

거기에다 더해 우리 부서에는 전출직원 숫자대로 전입직원을 보충해주지 않아 부득이하게 기존의 직원들을 이리저리 조정배치하다 보니 그 직원을 다른 지역대로 이동 배치할 수밖에 없었다. 그러면서도 미안한 마음을 가지고 한편으로는 과장의 불가피한 입장을 이해하여 줄 것이라는 믿음을 가지고 인사조정을 하였던 것이다.

현장조직에 한 사람이라도 더 아쉬운 상황인데 그 직원이 명예퇴직을 신청하겠다고 하면서 사무실에 나타나지 않는 것이었다. 한편으로는 분한 마음에 "명예퇴직 할 테면 하라."는 심정도 있었지만 한편으로는 현장조직인 지역대에서 근무할 관리직원이 부족하다는 생각이 떠올랐다. 그래서 명퇴를 막기 위해 팀장, 직원들이 나서서 그 직원을 설득하도록 했는데 한 직원으로부터 그 직원 부인이 시청 부근에서 음식점을 하고 있다는 사실을 알게 되었다. 그 부인을 만나서 남편을 설득시키도록 하는 게 좋을 것 같았다. 어렵게 그 식당을 찾아내서 팀장과 인사담당 주임 등 한 세분이 직접 찾아가서 그 부인을 만나서 우리 조직의 애로사항, 인사조치의 불가피성 등을 설명해드리고 남편분을 설득해 주실 것을 부탁드렸다.

직원 부인을 통해 설득해서 명퇴신청을 철회토록 설득하고 인사주임이 주변 동료들과 협업해서 지역대 사무실에 출근토록 이끌어냈다. 부족한 인력으로 어렵게 부서를 이끌어가고 있는 상황에서 유능한 인력이 잔류하게 됨으로서 상황이 호전된 측면과 무리한 인사로 직원 명퇴를 촉발했다는 불만을 잠재울 수 있어 과장의 리더십 손상도 어느 정도는 덜 수 있었다. 그 과정에 무엇보다 인사주임(박명주 주무관)의 탁월한 역할이 주효했으며 지금도 고맙게 생각하고 있다.

이러한 일련의 유쾌하지 않은 과정을 겪으면서 과장이 보다 조직 관리를 세밀하게 해야 한다는 것과 한 가정의 가장으로서 직원 한분 한분의 존엄성을 존중하고 조직경쟁력 제고로 이어지도록 조직분위기를 만들고 관리해야 한다는 것이다. 인사는 신중하고 또 신중해야 한다.

5

투명하고 공정한 채용, 조직경쟁력과 밀접!

생각하기에 따라서는 작은 일일 수 있지만 나에게는 의미있고 자랑스러웠던 일화를 소개하고자 한다! 교통지도과는 업무범위가 참으로 다양하다. 매년 단속공무원과 교통질서계도요원을 직접 채용하고 있다. 요즘처럼 공공부문 민간부문 할 것 없이 채용비리 문제가 사회이슈화 되어있는 상황에서는 조그마한 실수나 잘못으로도 엄청난 사회문제화 될 수 있어 여간 신경 쓰이지 않는 것이 아니다.

2018년에는 특히 개정 공무원연금법 시행에 따라 그동안 한솥밥을 먹으면서 함께 일했던 단속공무원들이 공무원연금 수급자에서 원천 배제됨에 따라 10월에 140명이 자진사퇴하게 되었고 그에 따라 100여명에 상당하는 인력을 충원하기 위해 대체 채용절차를 진행하고 있다.

　교통지도과에는 340여명(2018년 기준)의 시간선택제임기제공무원 신분의 단속인력이 활동하고 있다. 물론 2018년 10월에 시행된 개정 공무원연금법으로 인해 많은 분들이 서울시를 떠나 지금('18년말)은 200여명 밖에 남아있지 않지만… 거기에다 같은 규모의 교통질서계도요원이 근무하고 있다. 연례적으로 매년 적게는 20명 내지 30여명의 단속공무원을 공개 채용하고 있다.

　예전에는 필기시험 없이 면접으로만 채용하다보니 인사 청탁이 수도 없이 많아 시끄럽고 유쾌하지 못한 일이 많이 발생하였었다고 한다. 채용하고자 하는 인원규모보다 더 많은 청탁이 들어오기도 했었다고 하니 어떠했겠는가? 그래서 2014년부터 필기시험제도를 도입한 이후부터는 많이 깨끗해졌다고 한다.

　거기에다 김영란법이라고 하는『부정청탁 및 금품 등 수수의 금지에 관한 법률』이 2016년 9월 시행된 이후부터는 채용 관련하여 제3자가 채용을 청탁하는 행위 역시 처벌을 받게 되었다.

　그럼에도 불구하고 면접시험 시즌만 되면 유쾌하지 못한 일들이 종종 있었다. 그러나 교통지도과장으로 있으면서 무슨 부귀영화를 누리겠다고 양심을 팔아가면서 힘 있는 사람들의 견마(犬馬)와 같은 노릇을 한단 말인가?

　제2의 인생을 준비하는 분들에게 서울시 단속공무원이 되는 것은 마치 인생 로또에 당첨되는 것과 같은 것으로 생각하고 있는데 배경이나 힘깨나 쓰는 사람의 힘을 빌려 불공정하게 채용

될 수 있다면 이 얼마나 암울한 세상이 아니겠는가!

공무원이 되고자 하는 분들에게 든든한 배경이 있든 없든 모두가 자기 실력을 제대로 평가받을 수 있는 기회를 공정하게 부여하고 우수한 분들이 서울시에 들어오게 하는 것 역시 서울시 교통지도단속 조직의 경쟁력을 끌어 올리는 하나의 방법이라고 생각한다.

무엇보다 공정하고 투명한 공무원 채용시험이 요즘과 같은 불공정한 사회에서 그나마 한줄기 희망의 증거가 되고 있는데 단순히 좋은 배경이 있다고 실력을 무시하고 합격시키는 것은 얼마나 비윤리적인 것인가? 반문해 본다.

그러나 사실 면접시험을 앞두고 외부의 무시 못 할 힘을 가진 사람들로부터 직접 전화를 받는 다는 것은 그 자체가 두려움일 수 있다. 나의 불안한 미래와 겹치면서 때론 흔들리는 마음 때문에 약해지는 나 자신을 발견할 수도 있었다. 외부에서는 이미 교통지도과장에 대해 그리 좋지 않은 평가가 퍼져있는 상황이라는 것쯤은 나도 알고 있었기에 슬기롭게 대처해야 한다는 중압감이 있었음을 부인할 수 없기 때문이다.

주차단속 과태료 딱지 빼달라고 하는 것도 내가 과장으로 부임한 이후에는 일체 수용하지 말도록 하고 있는데다가 부서소속 단속공무원에 대한 업무 재배치 부탁 건에 대해서도 인사원칙 등을 이유로 들어주지 않았다. 뿐만 아니라 부서 서무주임 배정관련한 인사청탁에 대해서도 수용하지 않았다. 외부의 힘 있는 사람들의 입장에서는 교통지도과장이 얼마나 답답하고 꽉 막힌 사람으로 보였을 것인지는 불문가지일 것이다.

나중에 얼마나 높은 위치까지 올라간다고 자신의 양심을 팔아가면서 그렇게 해야겠는가? 최소한 채용에 있어서만은 너무나도 당연하지만 공정하고 투명해야 할 것이다. 공공기관 채용 비리가 언론에서 한참동안 흘러나올 때 마다 떠오르는 것은 어린 두 아들의 얼굴이었다. 어린 애들을 보고 있노라면 나 자신도 모르게 분노가 치밀어 오르곤 하였다.

공정하고 투명하게 실력과 소양을 평가하여 채용할 수 있는 시스템이 작동하고 있음에도 불구하고 부모가 힘이 있어 불공정하게 우선적으로 채용된다면 아이들의 미래가 얼마나 비참해질 것인가? 생각하면 생각할수록 힘없는 아버지를 가진 우리 애들이 불쌍해지는 생각이 들었기 때문일 것이다.

공공부문 채용은 최대한 공정하고 투명하게 이루어져야 한다. 필기시험으로 객관성도 확보하고 면접시험은 외부인사 등으로 인사위원회를 구성하여 절차적이고 실효적인 공정성을 모두 확보해야 한다. 보통 5~6명의 전문가들로 인사위원회를 구성하는데 4~5명은 연구원과 학계 전문가들로 나머지 1명은 공무원으로 구성하여 공무원이 인사청탁을 받아도 어떻게 할 수 있는 구조가 아니다. 최대한 공정하고 투명한 평가를 통해 능력과 소양을 갖춘 분들을 선발 하고 있다.

그로 인해 시민들께서 환영하는 규제서비스 공급이 가능해지게 된다. 실력도 없고 소양도 부족한 분들이 청탁에 의해 단속 공무원으로 채용된다면 어찌 고품질의 단속이 가능하겠는가? 과거에 채용청탁이 관행적으로 이루어졌다면 그로 인한 피해는 오롯이 서울 시민들에게 돌아갔다 할 수 있다.

공공기관에서 일하는 실무 직원들을 채용하는 시험에 "엽관제"나 "배경"이 작용한다면 우리는 희망이 사라진 절망의 시대, 양심이 사라진 혼돈의 시대에 살고 있다는 것을 반증하는 것이 아니겠는가!

지금 서울시 교통지도 단속공무원으로 활동하고 계신 분들을 모두 공정하고 투명한 채용과정을 거쳐 선발되어 시민들로부터 박수를 받을 수 있는 고품격 단속을 할 수 있는 수준의 소양과 능력을 갖추었음을 확신하고 있다. 너무 자랑스럽다.

6

고진감래! 희망을 본다

신념

4년이 흐른 지금도 자신 있게 밝히지만 과장이 자신의 야욕을 채우기 위해 일했던 적은 없었다고 자신한다. 맨 처음 교통지도과에 부임했을 때 미리 선언했었다. "내가 교통지도과에서 승진을 꿈꾸고 좋은 자리로 가기위해 직원들의 희생을 통해 그 무엇인가를 얻는다고 하면 나는 사람이 아니라고" 물론 과장으로서 당연히 밥값을 해야 하고 그래도 어려운 시험을 통해 공직에 입문한 사람으로서 후임자로부터 "농땡이만 치고 갔네.", "조용히 있다가 갔네." 등등의 소리를 들어서는 안 된다고 생각했다.

그 이후 나는 단속현장에서 느꼈던 문제점들을 곧장 개선하기위해 많은 노력을 하였다. 1년 차에는 단속공무원들과 현장을 다니면서 어떻게 하면 공정하고 정의로운 단속을 수 있는지? 어떻게 해야 단속현장에서 위반정도에 상응하는 단속수준(강도)을 적절하게 적용하는 것이 가능할지? 등에 대해 많은 고민을 하면서 단속체계를 고도화시키기 위해 부단히 노력했던 것 같다. 현 시점에서 돌이켜보건대 "만약 내가 단속공무원이라고 해도 나 역시 편한 단속의 함정에서 벗어나기는 어려울 것 같다"는 생각이 든다.

공정한 단속이 무엇인가? "강하게 단속할 필요가 있는 때에는 강하게, 약하게 할 때는 약하게"… 단순하고 상식적인 말 같아도 이런 단속원칙을 지켜나가는 것은 굉장히 어렵다.

2년 차에는 시민신고와 자치구의 단속역량을 어떻게 개선하고 이끌어낼 것인지에 고민과 역량을 집중 투입했다. 공공기관의 한정된 역량과 규제행정에 대한 시민의 반감 등은 교통질서 개선을 도모하는데 한계요인으로 작용할 수밖에 없기 때문에 부득이 시민의 힘을 빌려서 보완하는 노력을 하기 위함이었다.

3년차에는 그동안 추진해왔던 것들을 뿌리내리고 심화시키는 노력을 하였다. 지금껏 마음껏 일할 수 있어 좋았다. 비록 내가 맡고 있는 업무가 계륵처럼 취급받고 있어서 외부평가에서는 "중요하지 않는 일을 하는 사람"정도로 간주되겠지만 나는 나 자신에 대해 아주 긍정적인 평가를 내리고 싶다.

교통지도단속업무는 부서장인 나에게는 보물덩어리라고 생각한다. 직원, 팀장, 과장이 각각의 위치에서 할 일들이 무궁무진하기 때문이다. 시간이 흐름에 따라 단속수요가 변화하고 그에 따라 단속전략이나 켄셉이 적정하게 변화하여야 시민들로부터 환영받을 수 있기 때문이다. 그렇기 위해서는 업무를 일신우일신해야 하는데 선례답습적으로 관행적으로 해서는 안 되기 때문이다.

단속현장을 면밀히 살피고 부족한 부분이 무엇인지? 대안은 무엇인지? 이를 통한 교통질서 개선의 실효성은? 등에 대해 비판적 시각에서 실태를 정확히 분석할 수만 있으면 그에 대한 답은 자연스럽게 도출되기 마련이다. 특히 교통지도과와 같이 천여 명의 인력을 통솔하는 부서의 업무담장자들에게는 현행 단속체계가 무엇이 문제이고 어떻게 개선할 것인가에 대한 생각들을 간결하게 문서화할 줄 아는 능력이 절실하게 요구된다. 단속의 필요성과 명분이 명확하게 구비되어야 만이 새로운 규제를 만들거나 기존의 규제를 개선하고자 할 때 시민들을 설득하고 이해시킬 수 있기 때문이다.

지난 4년 동안이나 한 부서에서 근무할 수 있었던 것은 새로운 규제를 신설하거나 기존의 규제를 개선하고자 할 때 그 내용을 체계적으로 문서화하였기에 가능했던 것이라고 생각하고 있다. 얼마나 많은 직원들이 다양한 채널을 통해 부서장의 업무개선 추진방식에 대하여 불만을 터뜨리고 민원을 제기하여 과장을 끌어내리고 싶어 하였겠지만…….

또한 많은 단속공무원들이 그들과 친분있는 시의원들에게 과장의 전횡(?)에 대해 많은 민원을 제기하였었고, 나의 리더십관련해서 문제화 할 수 있는 부서(인사과, 조사과)에서 나를 요주의 인물로 간주하여 집중적으로 뒷조사를 했을 것이라는 생각도 들지만 무사히 4년을 마무리할 수 있게 되었다.

그 원인에는 아무도 관심을 갖지 않는 업무를 하고 있었기에 무관심했을 수도 있겠지만 나를 보호해 주었던 것은 시대상황에 걸맞는 새로운 교통지도단속 업무 개선 시도에 대해 외부에서도 공감하고 있었지 않았을까 하는 생각이 들기도 하다. 그러나 무엇보다도 기존업무를 개선할 때 반드시 보고서나 계획서의 형태로 모든 것을 문서화한 것이 주효하였다고 생각한다.

거기에는 현재의 단속체계의 문제점이나 실태와 대안들을 일목요연하게 기록하고 있는데 그 내용을 보면 우리 조직이 갖고 있는 낮은 수준의 경쟁력까지도 세세하게 언급되어 있기 때문에 그런 내용들을 외부기관이나 부서에서 보게 되면 나에 대한 평가가 달라질 수 있었기 때문이었다고 생각한다.

천여 명이나 되는 직원들이 한 마음으로 단속에 임하게 하려면 왜 그렇게 해야만 하는지, 어떻게 해야 하는지 등 명분과 전략, 기법 등에 대해 표준화하여 매뉴얼로 작성하여 공유할 때만이 가능할 것이기 때문에 어떤 이유에서든 교통지도과에 문서화능력을 갖춘 직원은 반드시 필요한 것이다.

시간이 흐름에 따라 상당수의 직원들이 문서화하는 것에 익숙해졌고 단속계획서를 만드는 것을 두려워하지 않는 상황으로 바뀌었다. 물론 많은 직원들이 보고서, 계획서를 만드는데 힘들어해서 교통지도과를 떠난 직원들도 많았지만 그래도 일부 직원들은 현장과 사무실에서 두각을 나타내고 있으니 이 아니 기쁘겠는가?

승진! 연봉인상! 물론 이런 것도 매우 중요한 가치일 것이다. 하지만 자존감을 높이는 것! 즉 업무를 통해 자신의 긍지를 높일 수 있는 방법을 찾는 것 역시 무시못할 중요한 가치일 것이다. 특히 후임자들로부터 "전임자가 치열하게 고민하고 업무를 개선하려 노력했다."라는 평가를 듣는 게 얼마나 중요한가?

지금 와서 생각해보면 내가 처음 약속했던 선언을 지켰다고 본다. 내 자신을 위한 욕심으로 조직을 운영했다면 나는 이미 교통지도과에서 사라졌어야 할 사람이었다. 어찌됐든 간에 한 부서에서 4년을… 그것도 교통지도과에 명색이 시험(행정고시) 출신으로 과장 12년차가… 서울시 역사에 아마 전무후무한 기록을 세웠을 것이다. 교통지도과와 같은 거대조직에서 4년, 그것만으로도 성공한 인생이라는 것을 입증해 주었지 않았나 생각해본다. 세상을 대충대충 살아서는 얻기 힘든 영광일 것이다.

2018년 연말이면 그동안 공들여왔던 몇 가지 사업들이 마무리 될 것 같다. 꽉 채운 4년의 결실이라 할 수 있을 것이다. 시민신고만으로 과태료가 부과되는 "교통법규위반 시민신고제"

적용대상을 확대하여 소화전 주변, 버스정류소, 소방활동 장애지역(소방차통행로) 등 세 곳을 포함시킨 것이다.

2013년 시행이후 보도, 횡단보도, 교차로상의 불법주정차만 시민신고 과태료부과 대상으로 한정했던 것을 시행 5년 만에 제대로 정착시키고 대상 장소도 확대시킨 것이다. 사실 시민신고에 대해 깊이 있게 알고 있는 직원들이 없는 현실에서 하나하나 파악하고 개선시켜가면서 정착시키고 확대시키기는 정말 쉽지 않았던 게 사실이다. 함께했던 모든 분들에게 감사드린다.

또 다른 사업은 서울시 불법주차단속 관제시스템 구축인데, 주차단속요청 민원을 신속하게 처리하면서 단속 품질을 담보하기 위해 2017년도부터 구축해온 사업으로 이 시스템이 제대로만 구현된다면 주차단속요청 민원 처리의 획기적 전기가 마련될 것으로 기대된다.

다만 그 결과물이 형편없을 수도 있어 잘못하면 죄인이 될 수도 있다는 우려도 갖고 있다. 조건부 준공처리를 해주었지만 당초 구현하고자 했던 기능 구현이 제대로 안 되고 있어 지금이라도 조건 미이행으로 필요한 조치가 이루어졌으면 하는 바람이다.

거기에다 불법주차가 나쁘다는 것을 시민들에게 인식시키기 위해 짧은 홍보 동영상을 제작하게 되었는데 아마 올해 12월에 공개될 수 있을 것 같다. 거기에다 시민신고를 장려하기 위해 역시 홍보동영상을 제작 중인데 이 동영상이 제대로 홍보만 되면 지금 하루에 평균 200건 정도 접수되는 과태료부과요청 시민신고 건이 하루에 일천여건 정도 되지 않을까하는 희망을 해보기도 한다.

사실 불법주차와 관련하여 홍보동영상을 제작한다는 것은 이전에는 생각도 못했던 일이었는데 그 일을 하고 있는 이들은 장이원, 김유빈 주무관 같은 신예들이다. 젊은 그들이 교통지도과에 신선함을 가져오고 있다. 그들이 함께 교통지도단속 역사에 새로운 한 페이지를 쓰고 있다는 것이 얼마나 기쁜 일인가? 감히 말씀드리거니와 교통지도과에는 무궁무진한 일거리가 있고 희망이 넘실거리는 그 무엇인가가 넘쳐나는 곳이라는 것을 우리 모두 알아주었으면 하는 바람이다.

7

단속공무원들의 노고에 대한 감사

    최근에 개정공무원연금법의 시행으로 주당 20시간 근무하는 단속공무원들이 대거 사직한 바 있는데 그로 인해 근무기강이 헤이해진 상황에서도 흔들리지 않은 근무 자세를 견지해주셔서 얼마나 고마운지 모를 일이었다.

    지난 번('18년 상반기) 단속공무원 직무교육에서 주차단속공무원들이 단속하는 장면을 담은 동영상을 방영한 바 있었는데 나도 모르게 눈물이 핑돈 경험이 있었다. 단속공무원들이 어린이 보호구역내 불법 주차차량을 단속하는 장면을 담은 것인데 TV 뉴스에서 방송된 바 있었다. 고령자의 단속공무원이 단속과정에 운전자가 차량을 이동하려 하니까 차량 정면을 막아서서 끝까지 과태료부과 스티커를 부착하는 모습이 너무 안쓰러웠기 때문이었다.

그 중 한분은 전모 주무관인데 올해로 70세가 넘으신 분이다. 이 분은 채용시험 당시 자전거타기 테스트에서부터 남다른 자신감을 보여주신 분으로 기억하고 있는데 공무원임용장을 드릴 때 하신 말씀이 지금도 기억이 새롭다.

"집안에 공무원 출신이 저 혼자입니다. 가문의 영광으로 생각하고 열심히 하겠습니다."

서울시 단속공무원 채용시험은 요즘 "교통고시"로 불리고 있다. 필기시험은 10대 1 이상의 높은 경쟁률에다 자동차 도로주행 실기 평가를 통과해야 하고 요즘은 공무원인성검사도 받아야하고 『국민체력인증100』이라는 체력평가도 받아야한다. 엘리트 양성 사관학교 역할도 하고 있다. 교통지도단속 공무원으로 경력을 쌓은 다음에 더 좋은 우대조건을 제시하는 다른 부서나 기관의 단속공무원 채용에 응시해서 전직하는 경우가 많이 발생하고 있다.

어찌 그 분뿐이겠는가? 심야 택시 승차거부 단속현장에서 단속에 저항하는 택시운전자들을 제압하는 과정에서 몸을 사리지 않고 가속페달을 밟는 택시를 온 몸으로 막아서는 모습들은 정말 눈물겨운 모습이 아닐 수 없다. 심한 욕설을 듣는 것은 일반적인 상황이라 할 수 있다. 택시에 치이고 운전자에게 멱살 잡히고 심지어는 승객들로부터도 욕설을 듣는 경우도 있다하니 난감할 뿐이다.

그럼에도 불구하고 자치구에서는 단속공무원들이 그렇게 고생해서 단속한 건의 50%를 단순 경고로 끝내버린다고 하니 얼마나 가슴 아픈 일이 아닌가! 지금이라도 승차거부 현장 단속 건에 대해 처분권을 시로 환수한 조치는 만시지탄이나 너무 다행이라 생각한다. 단속공무원들이 현장에서 신체적 위해까지 감수하면서까지 고생고생해서 단속한 건에 대해 엄정한 처분이 수반되어 택시 서비스 수준 제고로 이어졌으면 하는 바람이다.

개선이 필요한 사항

단속 매뉴얼 업그레이드

단속매뉴얼을 신규로 작성하거나 업그레이드 하는 데는 두 가지 목적이 있다. 모든 단속공무원들이 같은 위법행위에 대해 동일한 수준의 단속강도가 적용되도록 표준화할 목적이 있다. 또 하나는 불의의 안전사고가 발생했을 경우에 단속자체의 적정성과 절차의 합리성을 판단하기 위해 꼭 필요한 것이 단속매뉴얼이다.

단속매뉴얼 관련 사례를 소개하고자 한다. 단속공무원으로부터 심야에 승차거부 단속을 당했던 택시운전자가 서울시인권위원회(인권담당관)에 단속과정에 공무원으로부터 인권을 침해당했다고 주장하면서 민원을 제기했던 것이다.

승차거부단속은 단속공무원 4명이 한 개조로 하여 대중교통 운행이 마감되는 심야시간에 택시이용수요가 많은 강남, 종로, 홍대입구 등 20여 개소에서 배치되어 이루어지는데 각자의 역할이 구분되어 있다.

심야 택시 단속조는 차량 앞에서 운행을 저지하는 사람, 승객 인터뷰를 하는 사람, 적발통보서를 작성하는 사람 등해서 역할이 구분되는데 보통은 차도와 보도가 인접한 곳에서 운행 중인 택시들을 주시하고 있다가 승객이 택시에 승차 후 바로 내리거나 택시운전자가 손짓을 하여 승차를 거절하는 행위를 목도했을 경우에 단속공무원이 바로 뛰어나가 택시에 접근해서 승차거부 여부를 확인하고 승차거부로 판단되는 경우에는 현장에서 적발고지서를 운전자에게 발급하면서 처분과정에 청문절차 등이 있다는 것을 알려주는 것이 전체적인 승차거부 단속 흐름이다.

승차거부로 적발되면 대부분의 운전자는 거세게 항의하면서 집요할 정도로 단속과정에 문제가 있다고 트집을 잡게 마련이다. 앞의 사례에서도 운전자가 승차거부가 아님을 항변하면서 단속공무원들의 법집행 행위가 너무 고압적이고 마치 운전자를 범죄자 취급을 하여서 인권을 침해당했다는 취지의 민원을 제기한 것인데, 인권담당관 소속 조사관이 우리 부서에 요청한 여러 자료에는 "승차거부 단속매뉴얼"이 포함되어 있었다. 그 때는 마침 관련 매뉴얼을 만들어 교육한 지 얼마 지나지 않을 때라 참으로 다행이었다. 다른 관련 자료와 함께 단속매뉴얼을 함께 제출했다.

그 이후에 추가로 제출한 자료도 없었고 관련 직원들이 조사받은 사실도 없었는데 인권담당관실에서는 단속매뉴얼에 따라 적정하게 단속된 것으로 판정하여 인권침해는 아닌 것으로 결론을 낸 것 같다. 때마침 단속매뉴얼을 작성하여 단속공무원 직무교육 때 교육 자료에 포함시켜 교육도하고 했기 망정이지 그런 매뉴얼이 없었다면 몹시 궁색했을 것이 자명하였을 것이다.

그 외에도 매뉴얼의 효과는 여러 사건에서 입증되고 있다. 승차거부단속과정에서 적발된 택시운전자들이 억울하다는 이유로 법원에 단속의 적정성에 대해 시비를 가려달라고 법적 쟁송을 진행하는 경우도 다수 있는데 그 과정에 승차거부 단속매뉴얼은 단속절차의 합리성을 증명해주는 중요한 역할을 수행하고 있는 것이다.

단속공무원이 단속과정에서 위반자들의 거센 항의나 욕설에 직면하거나 심지어 물리적 위협이나 폭력 앞에서 신체 위해를 당하기도 하는데도 불구하고 법원이나 시민단체 등에서는 사회적 약자라 할 수 있는 택시운전자들 입장을 두둔하는 경향이 있다. 따라서 단속공무원들로 하여금 단속매뉴얼에 따라 엄정하고 친절하게 근무하도록 강조하고 있다. 그렇지 않으면 단속공무원들이 되래 "갑"의 입장에서 "을"인 택시운전자들에게 불합리한 단속으로 "갑질단속"을 하고 있다는 불명예스러움을 겪을 수도 있기 때문이다.

물론 그 이전에도 단속매뉴얼은 있었다. 맨 처음 만들었을 때는 고생해서 만들었겠지만 시간이 지나면서 내용의 시의성도 떨어지고 해서 개선이 필요하였다.

규제행위에 대한 신뢰적 평가지표

전용차로 위반 단속업무 역시 시민들에게 많은 의미를 가지고 있다. 2016년도까지만 해도 매년 버스전용차로 위반 단속으로 7~8만 건 정도였던 것이 2017년도 들어 15만 건 정도 단속하기에 이르렀다. 이렇게 단속건수가 갑자기 증가하게 된 것은 여의도 중심으로 자전거전용차로가 설치되면서 무인단속CCTV로 단속을 하게 된 것과 기존의 가로변 버스전용차로에 설치된 무인단속 CCTV의 해상도 제고, 노후화된 설비 교체 등의 성능개선 작업을 통해 단속 자료의 증거력을 담보할 수 있었기 때문이었다.

단속건수의 급증은 민원발생 급증으로 귀결된다. 그 외에 그동안 묵혀왔던 다양한 문제들이 노정되기 시작했다. 원래는 전용차로 위반 단속업무도 불법주차단속 업무처럼 경찰이 해오던 업무였었는데 90년대 초반부터 서울시가 이관 받아 수행하게 되었다. 관련 법령상 전용차로 위반 단속업무는 서울시와 같은 광역지자체만 할 수 있도록 되어있어 자치구는 단속에서 배제되어 있었다.

그럼에도 불구하고 서울시에서는 서울시위임조례 개정으로

고정식 무인CCTV단속은 서울시가 그 외 인력에 의한 도보단속은 자치구가 할 수 있도록 구분하여 시행하고 있다. 예전에는 전용차로하면 버스전용차로만 있었기에 관련조례에 자전거전용차로도 포함시켜 자치구에서 관할 자전거전용차로에 대한 단속권을 확보할 수 있도록 하는 조치가 필요하다.

전용차로가 설치된 이후 상당 시간이 흘러 그간 교통여건이 변화하였음에도 불구하고 전용차로가 업그레이드 되지 않아 단속에 따른 시민불편이 많이 제기되고 있는 실정이다. 그런데 내가 과장으로 일한지 3년이 지난 시점에 담당 팀장이 깜짝 놀랄만한 계획서를 만들어 나를 놀라게 만든 사건이 발생하였다. 다름이 아니라 시민의 입장에서 그간 전용차로 위반 단속과 과태료부과 과정에 나타난 문제점을 어떻게 개선시킬 것인지에 대해 체계적인 보고서를 작성한 것이다.

그동안 줄곧 "단속이 만사가 아니다.", "단속건수가 매년 증가하는 것은 우리가 하는 일이 문제가 있는 것이다.", "단속증가 사유를 분석, 홍보 강화를 통해 단속건수를 줄이는 것이 우리의 목표가 되어야 한다." 등 직원들에게 강조하였었는데 전용차로과징팀장이 그것을 깊이 인식하고 개선사항을 정리하게 된 것이다.

교통지도과 4년 근무 중에 이렇게 자발적으로 체계적인 보고서를 만들었다는 것은 이제 내가 정들었던 교통지도과를 떠날 때가 되었음을 암시하는 것으로 한편으로는 즐겁기 그지없지만 섭섭한 마음도 들기도 하였다. 4년 동안 내 육체와 정신의 에너지를 불태웠던 교통지도과와 단속현장을 떠날 때가 되었다는 시그널이기 때문이다.

담당 팀장은 정년퇴직까지 채 1년도 남지 않은 상태에서 이렇게 마지막까지 불꽃을 태우는 것에 대해 경의를 표하는 바이다. 요즘처럼 청년들이 취업하기 어려운 시기에 만약 과장이나 팀장 한 명이 그만두면 최소 3명의 청년이 일할 수 있는 기회를 제공하는 격이라…….

정년이 얼마 남지 않았다고 무위도식하면서 시간 때우기나 하는 직원들도 더러 있는 상황에서 그저 감사할 따름이다. 조그만 감사의 표시이지만 서울시장 표창을 받을 수 있게끔 한 바 있었다. 물론 계획도 중요하지만 실행에 옮기는 것이 중요한데 충분히 가능할 것이라 하니 서울시민들의 복이 아닐까 생각해본다.

그만큼 교통지도단속업무는 시민들의 삶과 밀접한 관계가 있음에도 그저 규제업무 특성상 최고 의사결정권자의 관심 사업이 아니라는 이유만으로 변화와 혁신을 일으키는 추동력 생성 자체가 어려워 이전 방식으로 오랜 세월 지속되다 보니 그로 인한 피해는 온전히 시민들의 몫이었다.

4년이 다 되어가는 마당에 전용차로과징팀장으로 인해 내가 이 부서를 떠나면서 조금은 덜 미안해 할 수 있게 되었다. 부디 당초 계획했던 일들이 잘 마무리 되어 시민들의 불편을 최소화 하였으면 하는 바람이다. 많은 사람들은 단속은 실적으로 말해

준다고 생각을 한다. 그래서 단속을 많이 해서 건수를 올리는 것이 중요하다고 생각을 할 수 있다. 그러나 나는 지금까지 줄곧 다르게 생각하고 있었다.

내가 생각했던 것은 단속업무를 제대로 한다면 단속실적이 줄어들어야 한다는 것이다. 만약 단속실적이 계속 증가한다는 것은 우리가 하고 있는 단속업무가 잘못되었다는 것을 반증한다고 생각한다. 교통법규위반행위가 아무리 경미하다고 생각들 할 수 있지만 갈수록 위반빈도가 줄어들어서 궁극적으로는 위반자가 없도록 하는 것이 단속규제업무의 목표가 되어야 하는데 현실은 그렇지 않다.

교통지도과 BSC 지표는 단속실적인데 과거에는 매년 10% 이상씩 증가하는 것으로 산정하였는데 2017년도부터는 계속 감소하거나 현상유지 하는 것으로 바꿔버렸다. 제대로 된 평가지표라면 "법규위반 발생율 감소", "위반건수 대비 단속율" 등일 것인데 현실은 그런 지표를 활용할 수 없기 때문에 부득이 단속실적을 사용하기는 하지만 장기적으로는 제대로 된 데이터가 구축되면 가능하지 않을까 생각해 본다.

단속실적은 어쩔 수 없이 감소할 수밖에 없는 상황이다. 우리가 일을 잘 해서가 아니라 단속공무원 업무다변화 전략을 구사하다보니 단속실적이 현저히 감소하게 되었다.

어떤 본부장께서는 주차단속실적이 감소한 것에 대해 여러 차례 부서장인 나를 질타하기도 하였는데 그 이면에는 여러 이유가 있다고 생각한다. 주차단속 실적을 끌어올리려면 아주 간단하다. "위반정도에 상응하는 공정한 단속" "강하게 단속할 때는 강하게, 약하게 단속할 때는 약하게 단속"과 같은 원칙을 포기하면 된다. 단속이 반드시 필요한 대상(장소)에 대해서는 눈 감아 버리고 단속을 안 해도 되는 대상(장소)에 대해서는 강하게 단속하는 것과 같은 전략을 구사한다면 단속실적은 엄청나게 급증할 것이다.

지금은 토요일이나 일요일과 공휴일에는 CCTV장착한 차량을 이용하여 반자동으로 주차 단속하던 것을 스마트폰을 활용한 스티커(수동)단속으로 전환시켰다. 이런 이유로 주차단속실적이 급감하고 있는 상황에서 2018년 8월부터는 아예 평일에도 스마트폰 활용한 스티커단속으로 전환시켜버려 단속실적이 더욱 감소하게 되었다.

현재 단속공무원이 근무실적 평가에서 좋은 성적을 받으려면 위반정도가 중한 경우에 "운전자가 현장에 있어도 단속"하는 요령을 활용하여 단속하는 등 업무다변화를 많이 해야 한다. 업무다변화 단속은 현장에서 한 건 단속하는데 소요 시간이 많이 들 수밖에 없는 데 위반자와 싸워가면서 단속을 해야하기 때문이다. 그리고 불법주차가 상습적으로 발생하는 지역에 대해서는 2인 1조가 아닌 4인 1조로 근무하게끔 함에 따라 전체 서울시 주차단속실적이 급감할 수밖에 없는 상황이다.

교통질서계도요원 근무규정 정립!

교통지도과는 왜 이리 할 일도 많고 개선할 것도 많은지 모르겠다. 그만큼 부서장의 역할이 많아서 좋기는 한데… 담당자들은 너무 힘든 것 같다. 그래도 담당주무관도 기존의 업무를 개선하는데서 의미를 부여하면 재미있지 않을까 생각한다. 여하튼 교통지도과는 보물창고다. 변화하는 교통지도단속 수요변화에 맞춰 기존의 단속전략과 정책들이 큰 틀에서 변경될 필요가 있고, 때론 시시각각 변화하는 단속현장의 섬세한 변화를 캐치하여 세부 단속기법을 개선하는 등의 세부 전술을 그때그때 구사할 필요도 있다.

그래서 과장, 팀장, 담당주무관들은 현장에서 답을 구해야 한다. 우리 부서처럼 "우문현답"이 필요한 부서는 없을 것이다. **"우리 문제는 현장에 답이 있다."** 그래야만 교통지도과는 살아있는 조직이 될 수 있는 것이다. 때론 현장에서 함께 근무하면서 단속현장의 애로사항도 들어보고 보다 효율적이면서도 시민들의 눈높이에 맞는 단속기법 등을 개선하기 위한 노력을 게을리 하지 말아야 한다.

"알아야 면장이다.", "성공하는 음식점은 주인이 요리를 할 줄 알아야 한다."와 같은 말처럼 현장을 알아야 단속공무원들을 선도할 수 있는 것이다. 그래서 매년 연말에 특별 승차거부 단속을 위해 전 단속역량을 심야시간대에 투입하는 경우에는 과장도 함께하는 모습을 보여주는 것이 좋을 듯하여 가끔 홀로 거리에 나가 단속공무원들을 격려하기도 하고 먼발치에서 단속과정을 지켜보기도 하였었는데 그런 행위에 대해 "과장이 직원들을 믿지 못해서…." 이런 식으로 오해한다는 말도 들었던 적이 있었다.

생산적 단속조직으로 거듭나기 위한 방법들을 찾기 위한 일념으로 그렇게 한 것이라는 것을 이해해 주었으면 하는 바람이다.

3년 동안 너무나 무관심하게 과장이 함께하지 못했던 분야가 교통질서계도요원 관리였다. 단속공무원과 함께 인력관리의 한 축을 형성하고 있는 교통질서계도요원은 55세 이상의 고령자에게 교통질서 계도 활동을 하게하는 것인데, 일반적으로는 고령자에게 일자리를 제공하는 의미로 받아들여서 그분들이 하는 일의 생산성에 대해서는 어느 누구하나 깊이 있게 고민하지 않았던 게 사실이었다.

물론 핑계일 수는 있지만 단속공무원의 경쟁력 제고에 전력질주 하다 보니 많이 신경 쓰지 못한 것으로 이해하여 주었으면 하는 바람도 가져본다. 사실 신경 쓸게 많다보니 일부러 귀를 고의로 닫아버린 측면이 있지 않았나 싶다.

그렇다보니 대부분 연령이 70세가 넘으신 계도요원 분들이 내가 과장으로 근무하는 3년간 아무리 비가 많이 와도 태풍이 와도 폭염이 기승을 부리는 것과 관계없이 매달 10일 내지 12일 만근을 하고 그에 따른 급여를 전액 수령하였었다니 얼마나 소름끼치는 상황이었겠는가? 요즘 기상이변으로 여름철 폭염과 폭우가 심각한 상황이고 12월에도 한파주의보가 발생하기도 하는데 그런 기상이변에도 불구하고 고령자 분들을 현장에서 근무하게 하였다는 것은 얼마나 나쁜 부서장인가!

그런 상황에서 교통질서계도요원들의 역할에 대해 심대하게 고민하게 할 수 있는 계기가 있었다. 2018년 5월에 종로에 자전거전용차로가 개통되면서 질서계도요원을 활용하여 자전거차로의 질서를 관리해보고자 하였다.

기대 반 우려 반으로 시도했는데 역시나 실망이 너무나 컸다. 자전거차로 질서유지보다 그 분들 근무 질서를 유지하는 게 더 어려운 일이었다. 지나가는 시민들이 민원을 제기하는 대상이 되었다. 제대로 근무하지도 않으면서 가로수 그늘 아래 앉아서 잡담이나 하는 모습을 지나가던 시민들이 발견하고서는 시민의 세금이 아깝다고 하면서 민원을 제기하곤 하였으니, 할 말이 없었다.

그런 상황에서 그나마 한경희 주무관이 팔을 걷어 제치고 근무상황을 관리하는 수단으로 '교통질서계도요원 근무지침'을 방침으로 마련하였던 것이다. 4년차에 부도덕하고 몰지각한 부서장이 되지 않았던 것은 모두 담당주무관 덕이었다. 폭염과 폭우, 태풍, 한파 등에 따라 적정한 근무원칙을 제시한 것인데 이번 여름에는 그 얼마나 폭염이 기승을 부렸던가?

그래서 7월과 8월에 만근을 채우지 못하는 상황이 속출하였다. 많은 민원도 발생하였다. 심지어 서울의 모 국회의원 보좌

관으로부터 질서계도요원 근무관련 자료요청을 받기도 하였다. 여러 통로를 통해서 폭염으로 근무하지 못한 일 수 만큼 추가로 근무할 수 있도록 방안을 강구해 달라는 민원이 나에게 전달되었다.

참으로 마음 아팠다. 주로 연세가 많으신 어르신 분들이 대부분인데, 어떤 분은 절실한 생계수단으로, 어떤 분들은 손주들 용돈 줄 생각에 활동하고 있는 분들인데, 폭염이라는 비상상황 발생 때문에 근무하지 못해서 받지 못한 일당을 보충하고픈 마음에 추가로 근무하게 해 달라는 것이었다.

담당 부서장으로서 흔쾌히 수용할 수가 없었다. 사실 몇 몇 건장한 분들을 특별히 제한적으로 근무시키는 것을 생각해 봤지만 전체가 아닌 일부만을 상대로 선별적으로 추가 근무케 하는 것은 또 다른 역 민원을 발생할 것 같아 중도에 포기하였다.

12월 겨울철에 접어들면서 연세가 많으신 고령자 중심의 계도요원 구성을 고려할 때 추운 겨울철에 계도활동에 대한 수요가 별로 없는 상황에서 일부러 계도활동을 하게끔 하여 일당을 추가 지급하는 것은 시민의 세금을 낭비하는 꼴이 되기 때문이었다.

게다가 질서계도요원들이 실질적인 역할을 하도록 개선안을 준비중에 있다. 시민신고요원으로 변모를 꾀하고자 한다. 교통안전취약계층의 보행안전 확보를 위해 어린이 보호구역 등에서 불법주차한 차량을 신고하는 역할을 맡기고자 한다.

'서울스마트 불편신고 앱'을 활용하여 증거자료를 채증하여 신고하면 단속공무원 출동없이 즉시 과태료가 부과되어 무질서한 교통질서를 개선하는데 기여할 것으로 생각한다.

어찌됐든 아픔은 있었지만 인력관리의 마지막 흠결을 깔끔히 치유함으로 인해 머릿속의 개운함을 느끼게 하는 화룡점정이었다.

9

발전된 교통지도과

세월이 흐르면 모든 게 변하기 마련이다. 업무다변화! 운전자가 현장에 있는 경우에도 위반정도가 중하면 과태료부과! 혼합근무제! 주4일 근무(1일 5시간 근무)와 같은 새로운 근무형태와 단속 기법들이 시간흐름에 맞춰 도입되거나 바뀌어야 한다는 것이다.

그 당시 내가 보는 시각에서는 반드시 도입해야 할 정책 변화들이었지만 요즘 들어서는 내 생각이 옳지 않을 수도 있다는 생각이 들기도 한다. 이 세상에는 정답이 있다는 생각이 들다가도 사람 사는 세상에 정답이라는 게 어디 있겠는가! 라는 생각이 들 때가 많이 있다.

처음 교통지도과에 부임했을 때 받았었던 그 느낌!이라는 게 이런 것이었다. "답답함", "방치된 조직", "방향성이 없는"….
천여 명의 거대 조직이 무엇을 위해 일하는지? 교통지도단속
업무의 비전도 전략도 마련되어 있지 않은 것처럼 보였다. 물론
내가 생각하기에 그렇다는 것이고 나름대로의 그 무엇인가는
있었을 것이다.

6급 서무주임은 부서장이 한 부서를 이끌어 가는데 매우 중
요한 역할을 담당해야 하는데 업무추진 능력 면에서 꽤 괜찮은
사람이어야 한다. 그러려면 근무평정에서 "수"를 보장 해줘야
하는데 타칭 사고나 안치면 되는 교통지도과는 6급 주무관이
10명이 넘는데도 불구하고 "수"를 주지 않기 때문에 우수한 사
람이 와서 일하는 구조가 아니였다.

너무 오래 방치되었다! 아무리 "계륵"과 같은 취급을 받는 조
직이라고 해도 그렇지! 그리 오랜 기간 동안 이렇게 방치할 수
있단 말인가? 제대로 된 사람도 배치해주지 않고… 도대체 양
심이 있는 사람들인지 의심스럽다. 어찌 그럴 수 있을까? 아무
리 최고 의사결정권자가 관심 없는 일을 한다고 해서 한 조직을
그렇게 방치할 수 있단 말인가?

비전도 전략도 없이 무엇을 위해 일해야 하는지도 모르고, 왜
그렇게 고령자 직원들이 많았던지? 직원 평균연령이 50대 이상
이 전체 직원의 50% 이상에 이르는, 그래서 매년 평균 5~10명
이상이 정년퇴직하는 고령자가 많았던 부서…….

지금도 생각해보면 참으로 이해할 수 없었던 일이 있었다. 어

느 부서에서나 있었던 직원상조회가 교통지도과에는 없었던 것이다. 맨 처음 부임했을 때 이해할 수가 없었다. 그래서 직원이 직계존속 상을 당했을 때 "직원 일동"으로 조화를 보낼 수도 없었다.

교통지도과에 직원상조회가 없었던 이유는 너무나 단순하였다. 전체 직원들 중 고령직원들이 차지하는 비율이 너무 많기 때문이었다. 당연히 매년 정년퇴직하는 직원들이 많이 나오게 되고 그러면 상조회 기금을 모두 거기에 쏟아 부어야 하기 때문에 직원들이 상조회를 만드는데 부정적이었던 것이다.

지금은 그래도 20대 신입직원들도 일하고 있고 외부에서 전입직원들도 많아져서 상조회도 운영중이고 나름 고령자 비율도 조금 낮아졌다.

같은 팀에서 7~8년간 장기 근무하는 직원들… 주무팀장을 "승예" 꼬리도 떨어지지 않은 승진예정자로 발령 내고…. 도대체 제대로 된 조직관리 인식을 가지고 있는 사람들인지 의문스러웠다.

시민과의 접점에서 서울시의 행정수준을 대표하는 규제업무를 수행하는 천여 명의 거대조직! 제대로 된 단속이 이루어지기 위해서는 단속명분과 단속전략·전술 등을 정교하게 마련하여 이를 문서화해서 이해당사자인 시민들에게 설명할 수 있어야 하고 모든 단속공무원들에게 제대로 전달되도록 하여야 함에도 불구하고 내가 교통지도과장으로 부임한 이래 그러한 전략 전술에 관한 체계화된 문서를 보지 못했었다. 제대로 된 매뉴얼을 보지 못했었다. 예상치 못한 사고가 발생하면 당장 매뉴얼을 따지는데 제대로 정비된 매뉴얼도 보이지 않았었다.

이제와 생각해보니 4년의 시간이 참 빠르게 흘러갔다. 너무 오래 과장질을 했다. 전문관 부서장도 아니고 한 부서에서 4년이나 근무할까? 다른 사람들이 볼 때는 "능력 없는 과장" 이렇게 인식하겠지만 그래도 4년 동안 참으로 행복했었다. 하고 싶은 일을 실컷 했다.

교통지도단속업무에 대해 윗분들의 관심이 적은 관계로 담당 과장으로서는 눈치 볼 것 없이 하고 싶은 일을 할 수 있었던 것 같다. 교통지도과는 시민의 삶과 직결되는 많은 일을 할 수 있는 조직인데…. 참으로 아쉽다. 기껏 4년 동안 한 일이 "조직경쟁력 제고"라는 것을 위해 단속공무원들과 직원들만 괴롭혔으니 보다 거시적 수준에서 할 일들이 남아 있지만 이제는 더 이상 직원들과 함께하기 어렵다는 생각이 든다. 떠날 때가 되었다.

과장이 아니라 7급 주무관으로서 4년의 세월을 보냈던 것 같다. 기존의 업무를 개선하기 위해서는 과장과 같은 꿈을 꾸면서 그러한 내용을 문서화할 줄 아는 직원들이 많았으면 좋았을 텐데 상황이 그렇지 않아서 부득이 내가 직접 펜을 들 수밖에 없는 상황이 많았었다.

일이란 게 무엇인가? 계획서를 만드는 게 일이 아닌가? 단속의 명분과 전략, 비전 설정, 과제 개발, 실행계획 수립, 이런 일련의 과정을 함께 할 직원이 있었다면 얼마나 좋았을까? 이 글을 쓰고 있는 지금은 교통지도과에 근무 중인 많은 분들이 나와 같은 꿈을 꾸려하고 또 그런 일을 할 수 있는 충분한 능력을 가진 분들이 많아졌다고 확신한다.

아직도 할 일이 많다. 시와 다른 생각을 가지려하고 다른 방향으로 나가려는 자치구를 바른 방향으로 인도해야 하고, 시민의 힘을 효과적으로 활용하는 방법을 찾아야 하는 상황에서 시민역량을 어떻게 이끌어낼 것인지? 등등…. 보다 거시적 차원에서 규제의 새바람을 불러 일으켰어야 했는데…….

과장이 그 동안 단속기법 개발, 단속체계 고도화 등 주로 일반 주무관들이 해야 할 미시적인 일을 하다 보니 서울시, 자치구간 단속체계 일원화나 표준화, 불법주차관리 플랫폼 구축과 같은 거시적 업무를 제대로 추진하지 못한 것 같아 4년째를 마무리하는 시점에서 안타까운 마음이 그지없다. 과장, 팀장, 담당주무관이 각자의 위치에서 해야 할 일들을 제대로 분업화하면 시민들을 위해 교통지도과가 정말 멋진 일들을 신바람 나게 할 수 있는 부서라는 인식을 직원들이 공유했으면 하는 바람을 가져본다.

10

교통지도단속 업무에 대한 신념

단속의 공정성 VS 형평성

공정한 단속만이 시민들로부터 수용성이 높다. 그러면 무엇이 공정성을 함유한 단속인가? 그렇게 많은 단속공무원들이 신봉하는 단속의 형평성은 어떤 의미인가?

이전에는 단속행정의 주요 가치로 형평성이 제일 중요한 가치였다. 특히 "사촌이 땅을 사면 배가 아프다."는 속담이 있는 우리나라에서 형평성은 아주 중요한 행정이념이다. 그런데 공정성이 결여된 형평성은 의미가 있을까? 반문해 본다.

예를 들면 대학시험을 일부 계층에게만 허용하던 나라가 있다고 가정하자! 어느 날 정부가 개혁차원에서 그런 제한을 철폐하여 "누구나 국민이라면 대학 갈 수 있게 시험 볼 기회를 보장

한다"고 했다고 하자. 형평성과 평등의 가치에서 보면 문제가 없는 것처럼 보인다. 대학시험을 누구나 볼 수 없는 나라였다면 위와 같은 조치는 엄청난 개혁으로 시민들로부터 환영을 받을 것이다. 그러나 시험을 보기위해서는 공부를 해야 하고 공부를 하려면 돈이 있어야 한다. 만약에 대다수 국민이 공부할 수 있는 돈이 없어 일부 부유계층만 공부하여 시험을 봐서 대학에 들어갈 수 있다면 공정성이 보장되었다 할 수 없을 것이다. 누구나 대학입학을 희망하는 사람들은 제대로 된 교육을 균등하게 받을 수 있게끔 해주어야 할 것이다.

즉 공정성이 전제되지 않은 형평성은 사상누각일 수 있다. 단속에서도 마찬가지이다. 공정한 단속이 보장되지 않은 형평성은 무의미하다.

많은 주차단속공무원들이 단속의 형평성을 이유로 현장에서 일정 공간에 함께 불법주차 되어 있다는 이유만으로 여러 대의 차량을 무차별적으로 단속하는 경향을 보이고 있다. 즉 일정공간에 불법주차 되어 있는 차량을 선별적으로 단속하면 피단속자가 "왜 내 차만 단속했느냐"하면서 거세게 항의하기 때문에 어쩔 수 없이 그 옆에 있는 다른 차도 함께 단속해야 한다고 변명한다.

가끔은 민원 처리하다보면 그런 무차별 단속에 대해 불만을 표출하는 시민들 의견을 접하게 되는데 그 분들의 주장은 이런 것이다. "시민들로부터 단속해달라는 민원신고가 들어와서 단속공무원이 출동 단속할 때 신고 된 차량만 단속하면 될 텐데……."

해당 구청에다 전화해서 항의하면 단속공무원들 왈(曰) "민원이 들어와서 단속하게 되었다. 여러 대의 차량이 불법주차 되어 있으면 불가피하게 형평성을 고려하여 신고 된 차량 외에 주변 차량들도 불가피하게 단속할 수밖에 없습니다." 이렇게 답변한다고 하면서 덧붙이는 말씀이 "단속공무원들은 머리가 없느냐? 주변을 둘러봐서 그리 큰 피해를 끼치지 않는 차량에 대해서는 단속을 유예 하는 게 맞지 않느냐?"하면서 강력하게 불편함을 피력하곤 하였다.

단속공무원은 현장에서 불법주차로 인한 차량소통과 보행안전 침해 정도를 고려하여 위반정도가 중한 경우에 과태료 부과 조치를 할 수 있고 때로는 견인까지도 할 수 있다. 그렇지 않은 경우에는 단속을 유예할 수도 있고 전화해서 차량을 이동하도록 계도할 수도 있는 약간의 법적 재량권을 보유하고 있다. 그런데도 단속해달라는 민원을 핑계로 위반정도를 고려하지 않는 강력한 단속은 법적으로는 문제가 없지만 사회통념에 반하는 부적정한 단속이라 할 수 있다.

그런데도 민원 때문에 단속할 수밖에 없다는 주장은 단속에 따른 거센 저항을 회피하기 위한 꼼수 일 수 있다. 현재 주택가 주차공간은 부족한 것이 사실이다. 그렇다고 골목길 자기 집 앞 주차를 고집하는 것은 화재발생시 소방차통행을 방해하여 큰 인명사고를 유발 할 수 있어 삼가야 한다. 그렇지만 신고가 접수되었다는 이유만으로 주변상황을 고려하지 않고 형평성을 이유로 모든 차량을 단속하는 것은 부적정한 처사라고 할 수 있다.

많은 단속공무원들이 단속공무원 입장에서 편의주의적인 단속을 하고 있는 경향이 있다. 신고를 이유로 위반정도를 가리지 않고 한꺼번에 다수의 차량을 단속함으로써 쉽게 단속실적을 쌓을 수 있고 민원이라는 이유로 피단속자로부터의 거센 저항도 회피할 수 있어 일거양득이기 때문에 양심을 저버리고 지금까지의 편의주의적 단속관행에서 헤어 나오지 못하고 있는 것이라 생각한다.

위반정도에 상응하는 단속수준 적용! 이것이 단속의 공정성이라 할 수 있다. 이러한 공정한 단속이 전제된 경우에 다른 위반사항에 대해서도 그 위반정도가 이전의 위반사항과 유사한 경우에는 동일 수준의 단속강도가 적용되어야 단속의 형평성이 유지된다고 할 수 있다. 따라서 단속의 공정성이 확보되지 않은 상태에서 이전에 그렇게 단속했으니 지금도 같은 수준으로 단속해야 한다는 것은 올바른 생각이 아니다.

도로교통법에서는 불법주차 단속은 반드시 공무원이 하여야 한다고 규정하고 있다. 공무원은 단속관련 전문성과 소양을 구비한 상태에서 법이 허용하는 범위에서 기속재량권을 행사하여야 한다. 요즘은 형평성을 강조하면 일을 적극적으로 하지 않으려는 공무원으로 간주되기 쉽다. 화두는 공정성이다.

단속에 있어서 공정성 완비가 시민의 수용도를 높이면서 단속의 실효성을 담보하는 관건이다. "강하게 단속할 때와 대상에 대해서는 강하게 단속하고, 약하게 단속 할 때와 대상에 대해서는 약하게 단속하는" 그런데 현실은 정 반대로 "강하게 해야 할 때는 오히려 약하게 단속하고, 약하게 해야 할 때는 오히려 강하게 단속하는" 것과 같은 불공정한 단속관행이 보편화되어있다. 그런 단속 관행 하에서 형평성을 따지는 것은 어불성설이다.

주차단속의 공정성은 어떤 의미를 갖는 것일까? 위반정도에 상응하는 규제수준 적용! 위반정도가 심한 경우란 어떤 것일까? 위반 운전자가 현장에 있는 경우와 없는 경우가 위반정도 판단의 기준이 될 수 있을까?

교통소통과 보행안전을 위해 주차단속을 한다고 하면 차량소통과 보행안전을 크게 해치는 불법주차에 대해서는 강하게 단속(과태료부과& 견인)하고 그렇지 않은 경우에는 약하게 단속(단속유예&계도) 해야하는 것이다.

운전자가 현장에 있느냐? 없느냐?는 단속의 공정성 판단 기준과는 무관한 것인데도 불구하고 자치구의 거의 모든 단속공무원은 현장에 위반운전자가 있거나 나타나면 이동조치 명령 등 약한 수준의 단속을 하고, 위반운전자가 현장에 없는 불법주차 차량에 대해서는 과태료부과(견인조치) 등의 강한 수준의 단속을 하고 있으며, 더 나아가 민원이라는 이유만으로 동일 장소의 다수의 불법주차 차량을 일괄 단속해야 형평성을 훼손하지 않는다면서 단속공무원 중심의 편의주의적 단속을 관행적으로 시행하고 있다.

이러한 불공정한 단속관행은 반드시 시정되어야 한다.

합리적 법집행 - 규제의 수용성

빅토르 위고의 소설 레미제라블을 최근 영화로 봤는데 거기서 자베르 경감과 장발장의 대화 중에 장발장이 자베르 경감에게 "법의 노예가 되지 말라."라는 말이 나오는데, 우리가 혹시 법의 노예가 아닐까 하는 생각을 하곤 한다.

우리는 경찰이 아니다. 내가 우리 부서 주무관들에게 항상 하는 말이다. 법규를 위반했으니 나쁜 사람이다. 그렇다고 우리 행정 공무원들이 경찰처럼 해서는 안 된다. 주차위반, 승차거부 등의 위반행위 역시 심각한 문제이긴 하다. 보도나 횡단보도, 소화전 주변 등의 불법주차가 잘못하면 한 가정의 행복을 파괴할 수 있는 나쁜 행위일 수 있지만 현실은 가벼운 위반행위, 어쩔 수 없이 하는 행위 등으로 간주된다.

승차거부 역시 운전기사들의 처우가 개선되지 않는 상황에서 어쩔 수 없이 장거리를 선호하다 보니 단거리승객은 불편할 수밖에 없는 것으로 변명하기 일쑤다. 위의 두 가지는 경찰이 관리하는 일반 범죄행위와는 다르게 일상화되어 있고 아무도 그렇게 위험한 행위로 간주하지 않고 있다는 것이다.

그러면 우리는 어떻게 해야 하나? 따뜻한 마음을 가지고 시민들을 설득하고 이해시키려 노력해야 한다. 한 사람의 가벼운 법규 위반행위가 예기치 못하게 다른 사람들에게 어떤 불편을 주고 있고 잘못하면 사람이 다치는 큰 사고를 가져올 수 있는 위험한 행위가 될 수 있다는 내용을 안내해주어야 한다. 법이 어쩌고 저쩌고 해서… 이런 단순한 법 논리로는 설득이 어렵기 때문에 인내력을 가지고 민원인의 이야기를 들어주고 시민들 입장에서 공감해야 한다.

교통질서 위반행위에 대해 우리가 어떤 인식을 보유해야 하는지에 대해 잘 설명해줄 수 있는 사례를 제시해보고자 한다.

"통학버스 불법운행 단속"과 관련한 스토리다. 그 일은 2015년 1월에 교통지도과에 부임한 후 가장 먼저 해결해야 할 현안이었다. 시의회 교통위원회소속 모 의원께서 중 · 고등학교 학생들을 대상으로 한 달에 1인당 4~5만원씩 받고 동네에서 학교까지 등교시켜주는 자가용통학버스를 단속하라고 하면서 교통본부예산 심의 시 3억 원의 예산을 편성해 주셨는데 이를 어떻게 집행 할 것인가가 고민이었다.

수요와 공급이 딱 맞아 떨어져서 이전부터 관행적으로 자가용불법통학버스가 곳곳에서 운행되고 있는 실정이라는 것을 누구나 아는 사실이다. 학부모 입장에서는 공부에 찌든 아이들이 조금이라도 더 자고 편하게 등교하도록 한 달에 4~5만원씩 주고 이용하고 있는 형편이고 단속대상자인 통학버스 운전자들은 대부분 생활이 어려운 분들로 생계유지를 위해 불가피하게 불법운행을 하고 있었기 때문에 단속하기가 어려운 현실이었다. 먼저 제도적인 개선이 필요한 분야로서 단속만으로 상당한 효과를 얻기란 쉽지 않다고 판단했다.

자가용불법통학버스의 가장 큰 문제점은 차령이 10년을 훨씬 넘긴 승합차들이 많아 자칫 교통사고 발생 우려가 크고 사고 발생에 대비한 보험수가가 높아 다수의 운전자들이 보험가입을 기피하여 사고발생시 보상이 제대로 이루어지지 않을 가능성이 높아 단속을 해야 한다는 목소리가 있어왔다. 단속을 할 수밖에 없는 상황이었으나 그렇다고 지금까지 수요공급법칙에 따라 관행적으로 이루어져 오던 것을 하루아침에 불법이니 단속하겠다는 것은 행정의 일관성과 신뢰성에 비춰볼 때 큰 부담으로 다가왔던 것이 사실이었다.

그래서 제도적으로 이런 잘못된 관행을 개선할 방법이 있는지에 대해 관계부서인 교육협력국이나 서울시 교육청 등과 회의도 개최해봤으나 뚜렷한 개선방안을 찾을 수가 없었다. 그래서 부득이 단속은 하되 2개월간의 계도 및 안내기간을 설정하여 단속관련 포스터나 리플릿을 중고등학교나 학생들을 대상으로 배포하면서 불법 통학버스의 위험성 등을 집중적으로 홍보하였다. 그 외 운전자들에게도 현장에서 안내문을 배부하면서 계도활동을 병행하였다.

그 과정에서 단속예산을 의원발의 하셨던 시의원께서 2개월간의 계도기간을 운영하는 것에 대해 나를 불러 질책하기도 하였었다. 또 "셔틀연대"라는 불법통학버스 운전자들께서 조직한 모임에서 서울시 요로를 통해 단속의 문제점 등을 강력하게 호소하기도 하면서 단속하지 못하도록 압력을 가하기도 하였다.

문제제기는 내부에서도 있었다. 담당팀장도 "불법행위를 단속하는데 왜 계도기간이 필요하지? 바로 단속하면 되지"하면서 과장에게 불만을 표시하기도 하였었다.

주변에서 쉽게 볼 수 있는 불법통학버스 운행처럼 만연되어 있는 관행에 대해 지금까지는 눈감아주다가 예고 없이 갑자기 단속하는 것은 시민정서에도 부합되지 않고 단속의 수용도를 떨어뜨릴 수 있음을 설명해주면서 양해를 구하기도 했던 기억이 생생한데 지금 생각해봐도 정말 잘 했다는 판단이 든다.

불법주차단속도 마찬가지로 합리적이어야 하고 단속공무원들이 현장에서 기본소양을 토대로 법이 허용하는 범위에서 현장상황과 위반정도를 종합적으로 판단하여 합리적 단속을 하여 시민수용도를 높여야 한다.

예를 들어 불법주차발생 상습지역으로 시민불편을 지속적으로 유발하는 경우에 이동조치와 같은 계도활동 없이 즉시 과태료부과와 견인조치같은 강력한 단속을 할 수도 있지만 때론 사전에 계도하고 5분이나 10분 후에도 위반상태가 지속되는 경우에는 강하게 단속하는 방법이 효과적일 것이다.

주차단속공무원들에게 자주 "형평성의 덫"에 빠지지 말라고 지속적으로 요청하고 있는데 그들은 여러 이유에서 형평성 있는 단속을 해야 한다고 주장하고 있다. 일정구간에 불법주차 된 차량이 있으면 모두 단속해야 만이 역 민원이 발생하지 않는다는 것이다.

주차단속요청 민원이 발생하면 현장에 단속공무원이 출동하게 되는데 단속공무원이 종합적으로 판단하여 위반정도가 심해 시민불편이나 교통흐름지장 등을 초래한다고 판단되면 과태료 부과나 견인조치까지 가능할 것이나 그렇지 않은 경우에는 아무리 민원사항이라고 해도 이동조치와 같은 계도활동도 가능하다.

단속에 있어 형평성은 중요한 핵심 가치이다. 다만 그 전제는 단속의 공정성 즉 공정한 단속이 전제되어야 한다는 것이다. 즉 공정한 단속의 경우에는 형평성의 원칙이 지켜질 수 있다. 그러나 불공정한 단속의 경우에는 형평성을 보장한다는 것이 무의미한 것이다.

즉 위반 정도를 고려해서 주차단속의 강도(수준)가 결정되어야 하는데 운전자가 현장에 없는 경우에만 과태료부과 단속을 하고 그 외의 경우에는 계도조치만 하는 불공정한 단속으로 인해 주차단속행정에 대한 시민 신뢰도가 저하되면서 주차질서 상태가 개선되고 있지 않는 것이다. 운전자가 현장에 있으면 단속과정에 갈등이 예상되어 단속공무원들이 그런 현장을 피하고 대신 한적한 도로에 불법주차된 차량(운전자가 현장에 없는 차량)

만을 찾아 단속하는 불공정단속 관행은 단속적폐로써 반드시 혁파되어야 한다. 그런 노력을 통해 시민들의 주차단속에 대한 신뢰도와 수용도가 높아질 수 있다.

그래서 단속에 있어서 형평성은 위반 장소와 때를 달리하는 경우라고 하더라도 두 행위의 위반정도가 유사하다면 비슷한 단속강도가 함께 적용되는 것이라 할 수 있다. 그래서 어떤 시민이 단속요청 신고를 해도 단속공무원이 제반여건을 종합적으로 판단해서 필요시 계도 또는 단속유예도 할 수 있는 것이다.

즉 주차단속관련 법령은 단속공무원에게 엄격한 법적용을 요구하고 있지만 예외적으로 단속과정에 기속재량판단을 할 수 있다고 보는 것이 법원의 판례이다. 그러나 자치구 등에서는 주차단속요청 민원을 처리할 때에는 단속공무원이 현장에서 반드시 과태료부과 등 강력한 단속을 해야 한다고 생각하고 있는데 너무 안이한 사고방식이다.

현장에서 종합적으로 판단해서 위반정도가 중한 차량에 대해서만 선별단속하고 떠나야 하는데 신고대상차량과 함께 있는 모든 차량을 과태료부과 단속해야 한다는 것은 단속공무원 단속실적 심리와 맞물려 대표적인 단속적폐 관행으로 간주되고 있다

서울광장, 주차질서의 바로미터!

서울광장은 대한민국의 상징공간이자 서울의 얼굴이라 할 수 있다. 서울광장에서는 서울시나 유관기관 등에서 개최되는 다양한 행사들로 인해 항상 불법주차가 발생하고 있다. 서울광장 주변도로는 주정차 금지장소로 지정되어 있어 원래는 잠깐 정차도 할 수 없는 장소다. 단속은 명분이 있어야 한다. 또한 단속할 수 있는 여건이 성립되어야 한다. 주변에 주·정차를 할 수 있는 주차공간이 마련되어 있어야 불법주차에 대한 공권력 단속에 대해 명분이 설 수 있다.

경찰은 서울광장 주변도로에 일부 주차허용 구간을 조성하는 것에 대해 반대하는 입장인 것 같다. 그 이면에는 여러 이유가 있을 수 있겠지만 세종대로가 국가 핵심도로로 주요 국빈 VIP 차량 통행시 서울광장 주변도로에 주차허용구간을 설정해놓으면 의전과 경호에 어려움이 있다는 이유도 상당한 가능성이 있는 추정이라 할 수 있을 것이다. 서울광장 서측 베이 부분에 주차허용구간을 설치하는 것을 경찰 측에 건의하였는데 경찰은 무응답으로 일관하고 있다.

서울광장에서 주차질서를 유지하는 데는 많은 어려움이 있는 것이 사실이다. 종종 차량을 이용해 주변도로나 보도에 장기 불법주차를 하면서 집회 및 시위를 하는 분들이 항상 단속의 형평성을 들어 서울시의 주차단속이 불공정하다고 주장하기 때문이다. "왜 정당하게 신고하고 시위하는 차량은 집중적으로 단속하고 서울시가 후원하거나 주관하는 서울광장 행사에 참여하는 차량에 대해서는 단속을 하지 않느냐?"라고 하면서 서울시 주차단속행정이 불공정하다고 항의하기 일쑤였다.

그래서 2015년 5월 쯤 해서 서울광장 주변도로의 주차질서 유지를 위한 대책을 만들었다. 서울광장 서측 베이 부분에 서울광장 행사관련 필수차량, 발전·구급차량 등에 한해 유관부서에서 교통지도과로 단속유예를 협조 요청한 경우에만 단속을 유예하고 그 밖의 차량에 대해서는 모두 단속하는 것으로 원칙을 정립하였다. 물론, 법에서 허용하고 있는 "경찰공무원이 현장에서 주차허용을 안내"하고 있거나 경찰이 공문으로 주차허용을 인정하는 경우에는 단속을 유예할 수 있다.

서울광장 주변도로의 불법주정차에 대한 단속원칙을 매년 1~2회씩 공문으로 전 부서에 알려주고 있다. 아마도 다른 부서관계자들은 "뭐 주차단속이 그리 중요하냐?"하면서 불만을 표출할 수 있을 것이다. 그러나 주차단속을 전업으로 하는 부서에서는 일정 공간에서 위반정도가 유사한 불법주차에 대해 어떤 차량은 서울시 주관행사 참여차량이라고 봐주면서 그 외의 차량은 단속하는 식의 무개념적 단속은 도저히 용납할 수 없는 것이기 때문에 서울광장의 주차질서 확립은 매우 중요한 일이다. 공정성과 형평성은 법집행 현장에서 매우 중요한 판단기준이어야 한다.

최근(2018.6.)에도 덕수궁 대한문 앞 보도에 장시간 불법주차하고 있는 차량에 대해 일부 시민이 "왜 주차단속과 견인하지 않느냐?"는 민원을 제기하여 단속공무원으로 하여금 단속토록 지시하였는데 단속공무원들 왈(曰) "집시법에 따라 허가받은 집회 및 시위에 활용되는 차량은 단속불가 합니다."라고 얼토당토 않는 소리를 하여서 황당해한 적이 있었다.

이전에도 그런 잘못된 인식을 하고 있는 직원들이 많이 있어서 서울시 자문변호사들로부터 받은 자문결과를 알려주면서 교육도 여러 차례 한 것 같은데 그런 소리를 들으니 어이가 없었다. 아마도 현장단속 조직인 지역대 대장이나 직원들이 자주 바뀌고 하는 과정에 단속공무원들이 그 직원들을 테스트하는 것이 아닐까 하는 의구심도 들기도 하였다. 직원들이 공부를 해야 하는데 그저 단속공무원 출퇴근 관리나 하는 게 아닌가 싶었다.

결론적으로 "집시법에 의한 집회도 불법주차를 허용하는 것은 아니다."라는 것이다. 정당한 시위는 보장되어야 한다. 목적이 아름다우려면 그 과정도 아름다워야 한다.

어찌됐든 지역대장 회의를 통해 법률자문결과를 교육하였다. 물론, 대규모 집회에서 시위용 차량이 불법주차 하고 있는데 적극적인 단속을 하는 것은 적절하지 않다고 생각한다. 그러한 시위에는 경찰들이 질서관리를 하고 있는 경우가 대부분이어서 어찌 보면 주차를 허용하고 있는 형국이고 시위 종료와 함께 불법주차가 곧바로 치유되기 때문에 시민들도 불편을 어느 정도는 감내하고 있는 상황인 점 등을 고려하여 한 두 대의 시위차량을 단속한다고 무슨 의미가 있겠는가? 우리가 신경 써야 할 것은 시위 준비차량 한 두 대가 장기간에 걸쳐 불법주차를 하면서 장기간 시민불편을 초래하는 경우에 적극적으로 대응해야 한다는 것이다.

시민들의 정당한 집회 및 시위는 보장되어야 한다. 그렇다고 불법주차 차량을 정당화할 수는 없는 것이다. 집시법에 불법주차단속에 대한 특례조항을 두고 있지 않을뿐더러 도로교통법과 집시법은 상호 대등한 효력을 가지고 있기 때문에 아무리 시위허가를 받았다 하더라도 도로에서의 불법주차까지 허용되는 것은 아닌 것이다. 단속의 공정성 논거를 들이대면 아무런 문제가 되지 않는다.

덕수궁 대한문 앞 보도에서 장시간 불법주차하면서 시민 보행이나 관광객들의 수문장 교대의식 참관을 방해하는 경우와 서울광장 주변도로에 한 두 시간 불법주차 한 차량을 비교할 경우에 어떤 차량이 위반정도가 더 중한 것인지는 우리 모두 알 수 있다. 당연히 대한문 앞 불법주차가 더 중한 위반에 해당되며 만약 단속공무원이 선별적으로 단속해야 한다면 당연히 대한문 앞 보도에 불법주차 한 차량을 우선적으로 단속해야 할 것이다. 따라서 "왜 시위차량만 단속하느냐"고 항의하는 것은 타당하지 않다.

아무튼 불법주차를 하는 분들의 입장에서는 단속의 불공정성을 주장할 수는 있겠으나 올바른 판단은 아니라고 생각한다. 서울광장에서 행사를 하는 기관이나 부서에서는 힘들어진 것이 사실이다. 꽤 큰 행사인 경우에는 모범운전자들을 활용해서 주차질서 유지를 하게끔 하고 있다. 전에는 보기 힘든 일이었다. 관련 규정에 따르면 모범운전자들도 교통질서 유지를 위해 경찰과 같은 권한을 행사하는 것으로 되어 있다.

사실 불법주차 단속은 두 가지 목적이 있다. 첫째는 불요불급한 차량의 운행을 억제하여 도시의 물류비용 등 사회적 비용을 절감하는 것이요. 둘째는 원활한 교통소통과 보행안전을 확보하여 살기 좋은 도시를 만드는데 있다 할 것이다. 거기에다 요즘은 미세먼지나 초미세먼지를 감소시키는 역할도 하고 있다 할 것이다. 차량으로부터 나오는 미세먼지가 전체발생량의 20 내지 30%를 차지한다고 하지 않는가?

어찌됐든 서울광장에서 개최되는 행사에 참여하는 차량들로 주변도로가 불법주차 차량으로 혼란스런 모습은 담당부서장으로서 보기에 민망한 모습이다. 서울광장 주변도로나 대한문 앞 도로는 서울의 얼굴로써 주차질서 역시 제대로 갖춰져야 된다는 생각으로 주차단속공무원들로 하여금 정기적인 순찰활동을 하도록 강조하고 있다.

때론 경찰 차량 중에서도 외관상 일반 차량과 유사한 차량에 대해서는 어쩔 수 없이 단속하라고 지시하고 있다. 단속공무원이 현장에 있는 경우에는 시민들을 보기가 더욱 곤혹스럽다. 지나가는 시민들께서는 경찰차량인줄 모르고 단속안하고 뭐하느냐고 할 수 있기 때문에 경찰차량이라 할지라도 외관에 경찰관련 표시가 없는 차량에 대해서는 단속토록 하고 있다.

교통지도과와 과장의 역할!

영화 레미제라블에서 자베르 경감이 자살 직전에 "나는 누구인가?" 독백하는 장면이 나온다. 나는 실로 누구란 말인가? 나 자신도 모르겠다. 수치심도 없는 인간인가? 나를 원망하고 미워하면서 조직을 떠난 사람을 다시 서무주임으로 받아들여서 함께 중요한 일들을 하고 있는 나는… 직원들이 과장을 손가락질하며 욕하고 그래서 서울시 제일 나쁜 과장(Worst 5)에 선정되도록 도와준 직원들과 함께 조직경쟁력을 높이는 고민을 하고 있는 나는 수치스러움도 모르는 "미천한" 인생이란 말인가?

언젠가 우리 부서에서 사무관 승진자 한 분이 탄생한 적이 있었다. 당연히 그 자리를 탐내고 외부에서 전화로 문의하는 직원들이 있었다. 그런데 본부 인사권을 행사하는 부서에서 왈(曰) "교통지도과 서무주임은 근평("수")이 보장되지 않습니다"라고 했다나…. 그 이후로 문의 전화가 뚝 끊겼다 한다. 욕이 나올 수밖에 없는 대목이다. 근무평정에서 "수"가 나오지 않는 부서란 어떤 의미일까? 한마디로 온전한 "부서"가 아니라는 말이다. 사실 한 부서를 책임지고 있는 부서장으로서는 정말 참을 수 없는 치욕적인 일이다.

교통지도과에는 많을 때는 6급 주무관이 12명이나 되었던 적이 있었는데 단순히 산술적으로 계산해도 두 개의 "수"가 근평에서 나와야 한다. 규제업무의 특성상 윗분들의 관심이 적어서 그런 이유도 있지만 그동안 부서장들이 제 역할을 제대로 하지 못한 것에서 기인한 것으로 볼 수도 있다. 부서의 존재의 의의를 윗분들에게 각인시켜 줘서 직원들이 제대로 된 평가를 받을 수 있도록 해주었어야 했다.

윗분들이 교통지도과는 "사고만 안치면 되는 부서"로 인식하고 있는 상황에서 어느 인사권자가 근무평정에 "수"를 주고 싶겠는가? 아무리 규제업무를 하고 있는 부서라고 해도 기존의 업무추진 방식을 개선한다든지, 아니면 꼭 필요한 새로운 규제 서비스를 도입해서 서울의 교통질서 확립에 기여하게끔 하는 직원이 있다면 반드시 근평("수")를 받을 가능성을 열어두어야 하지 않겠는가!

그럼에도 불구하고 교통지도과 서무주임을 맡고 싶어하는 어느 주무관이 "개인적 배경"을 활용하여 인사청탁을 하기도 했었다. 그 직원은 10여 년 전에 내가 다른 부서에서 함께 일했던 경험이 있었는데 훌륭한 성품을 가진 직원이었다. 그러나 교통지도과와 같이 천여 명의 인력을 관리하는 부서의 서무주임을 맡기기에는 다소 무리가 있는 것 같아 받아들이지 않았다. 교통지도과 서무주임은 일도 잘해야 하지만 당찬 성격을 가지고 있어야 한다. 뿐만 아니라 직원들을 끌어안을 수 있는 따뜻한 마음을 함께 가지고 있어야 한다. 직원들이 많고 업무도 각 팀별로 상이하고 해서 한 마음 한 뜻으로 일하는 게 쉽지 않는 부서라 서무주임의 역할은 그만큼 중요하다.

과장을 보좌하여 조직경쟁력 제고, 변화수요에 상응하는 단속체계고도화, 직원 인사 및 관리 등의 중요한 일을 해야 하기 때문에 업무기획력과 포용력, 소통능력이 필요하기 때문에 어느 정도 교통지도과 근무 경험이 있는 사람이 필요하였다. 쉽게 말해 과장이 전면에 나서지 않게끔 하여 직원들로부터 나쁜 소리를 듣지 않도록 하면서 당면현안을 슬기롭게 추진할 수 있는 배짱 있는 서무주임이 필요하였다.

나는 오로지 조직을 생각해서 정중하게 사양하였지만 참으로 집요하게 나를 힘들게 하였다고 생각한다. 지금도 그때 생각을 해보면 상당히 고민스러웠지만 내 생각을 접지 않았던 것을 천만다행이라 생각한다.

현 서무주임은 이전에 교통지도과 직원으로 지역대장 역할을 양호하게 수행했던 경력을 소유한 분이었으나 그 당시에는 나와 좋지 않은 일로 헤어져 다른 부서에서 근무하고 있었다. 그럼에도 교통지도과를 위해서는 꼭 필요한 분이라 생각하여 "삼고초려"하는 심정으로 서무주임으로 받아들였던 것이다.

지난 1, 2년 동안 함께 여러 풍파를 겪으면서 교통지도과 조직을 반석위에 올려놓는데 큰 역할을 하였다. 직원 인사 때마다 발생하는 직원 재배치로 인한 조직 내 소란을 잠재웠으며 본부장이 가장 관심 있어 하는 명의이용택시(일명 도급택시)를 잡기위해 '교통사법경찰반'을 구성·운영하였고, 교통지도역량을 갖춘 단속공무원을 채용하는 인사업무나 당면현안 등을 아주 슬기롭게 추진하고 있다.

그런데 앞서 언급했듯이 지금의 서무주임은 과거 나와 매우 좋지 않은 상황을 연출하면서 헤어졌던 사이였던지라 그 분이 교통지도과 서무주임으로 돌아왔을 때 많은 직원들이 매우 의아해 하였을 것이라고 생각한다. 지금도 가끔은 과거에 겪었던 갈등 상황과 삼고초려 이야기 등을 꺼내면서 서로 박장대소하기도 한다. 아무쪼록 각자가 희망하는 일들이 모두 실현되었으면 하는 바람이다.

교통지도과장으로 4년 동안 일했다는 것은 칭찬받아야 할 일이다. 보통 교통지도과장은 짧게는 6개월 길게는 1년 정도 근무하고 떠나는 게 일반적이어서 나처럼 4년간 근무하는 일은 서울시 역사상 전무후무한 선례가 될 것이다. 그 만큼 인사권자에게 인정을 받았기에 가능한 일이 아닐까 싶다. 한편으로는 자랑스러운 일이다.

그럼에도 불구하고 나의 4년 생활을 돌이켜보면 참으로 모자란 삶이었다고 생각한다. 나는 내 삶의 방식이 있다. 어느 한쪽에 귀속된 삶보다 자유인으로서 나의 의지대로 살고 싶은 마음이 강한 것 같다. 요즘 뉴스를 통해 많이 보고 듣는 게 공공기관 채용비리가 아닌가 싶다. 공공기관의 장까지 오르기까지 얼마나 많은 관계들이 필요했겠는가? 누구의 도움을 받아 출세를 하거나 뜻을 이루게 되었을 때 보은해야 할 대상들이 얼마나 많겠는가?

그래서 그동안 도움을 받은 분들로부터 인사 청탁을 받는다면 아무리 현자라 하더라도 흔들리지 않겠는가? 교통지도과장이 주차단속을 직접 하거나 총괄하는 입장에서 많은 분들이 쉽게 주차위반 스티커(일명 딱지)를 빼달라고 하면서 아무렇지 않게 이야기를 하는 것을 많이 들었다. 실제로 돈 없고 배경 없는 시민들은 힘깨나 쓰는 사람들에게 부탁하여 딱지를 빼달라고 하지는 않는다. 그들은 시청으로 전화해서 담당자들에게 욕설을 하거나 분풀이성 발언으로 화를 풀 뿐이다. 그리고 억울하다고 생각하면 절차에 따라 의견진술을 할 뿐이다. 돈 없고 힘없는 사람들은 힘깨나 쓰는 분들을 알 수가 없을 것은 명약관화한 일이다.

차라리 돈 없고 배경 없는 사람들이 단속을 취소해달라고 하면 취소해 줄 수도 있지 않겠는가? 만약 그들에게는 빼주지 않으면서 힘 있고 배경 있는 사람들의 부탁을 들어준다면 이는 공무원으로서 행해서는 안 될 시민에 대한 배신행위라 할 수 있다. 지금 과태료 부과권한을 가지고 있는 자치구에서도 제대로 된 주차단속 건에 대해 소위 힘 있는 사람들에 의한 부정청탁으로 임의로 서손(취소)시키는 불법행위는 자취를 감추었다고 확신한다.

그 외에 단속공무원채용이나 질서계도요원 등을 채용하는 일이 마치 힘 있는 사람들의 놀이터가 되어서는 안 될 것이다. 영화 "베테랑"에서 나오는 명대사를 음미해볼 필요가 있다. "우리가 돈이 없지 가오가 없냐!" 지금 50대 60대가 일자리를 찾는데 매우 어렵다고 한다. 너무나 쉽게 공직자의 양심을 팔아서는 안 된다. 모든 사람들이 공정한 룰에 따라 자기의 능력을 평가받아야 한다. 인사청탁과 같은 어떤 반칙행위로 인해 오염되어서는 안 된다.

이번에 개정공무원연금법 시행('1810.1.)에 따라 많은 공무원 출신의 단속공무원들이 서울시를 떠나게 되었다. 전체 340여 명 중 과반수 이상(57.6%인) 196명이 개정공무원법 적용대상으로 이중 140명이 10월 1일자로 그만두게 되었는데 단속공무원 신분을 유지하면 그동안 받아왔던 공무원연금을 받을 수 없게 됨에 따라 부득이하게 중도 사직하게 된 것이었다.

자치구 실태파악 결과, 696명의 주차단속공무원이 근무하고 있는 것으로 조사되었는데 이 중 28.1%인 196명이 개정 공무원 연금법 적용대상으로 파악되었었다. 위와 같은 통계자료를 비교하면 시와 자치구 채용시험의 투명성을 어느 정도 가늠할 수 있다고 생각한다.

서울시 단속공무원 채용시험은 필기시험이 있어 채용절차의 투명성이 상대적으로 자치구보다 높아서 법령지식 등을 구비한 전직 공무원 출신들이 채용에서 강점을 보인 반면 자치구는 필기시험 없이 면접위주로 채용하고 있어 투명성이 다소 낮을 수 있는데 이로 인해 전직공무원 출신들이 적게 채용된 것으로 추정할 수 있을 것이다.

공정하고 투명하게 단속공무원을 채용하는 것, 공정한 단속과 투명한 과태료부과 처분과 같이 반드시 지켜져야 할 원칙들을 고수하는 것은 어찌 보면 당연한 일이고 그만큼 작은 일일 수 있다. 그러나 나는 지난 4년간 이런 당연하고 작은 일에 대해 고민하고 노심초사하는 심정으로 근무했으니 "나라는 인간이 얼마나 작은 사람인가?" 하는 생각이 들기도 하다. 그렇지만 공정하고 투명한 업무수행으로 억울한 분들이 발생하지 않도록 최선을 다한 것은 자랑할 만하다!

11

서울시 주차단속 권한 축소-제살 깎는 고통!

드디어 올 것이 왔다. 더 이상 미룰 수 없는 궁지에 몰리게 되었다. 지난 1년 6개월여 간 견뎌왔었는데 참으로 안타깝게도 그 시간이 속절없이 휘몰아쳐왔다. 다름 아닌 서울시가 그간 추진해 온 주차단속 권한을 대폭 축소하게 된 것이다.

담당과장으로서 제일 기억에 남는 것은 무엇일까? 아마 직원들이 얼마나 승진을 많이 하는 것이 아닐까? 그리고 조직 내외부에서 해당 부서가 하는 일이 중요하다고 평가하여 조직규모가 확대되는 것이 아닐까 싶다. 나는 과거에 투자유치과장을 떠나면서 외부전문가에게 과장자리를 넘겨주었던 아픈 상처가 있었으며 그로인해 정신적 트라우마가 아직도 남아있다. 물론 나의 능력부족과 함께 여러 원인이 동시에 작용한 것이긴 하지만······.

그런데 교통지도과에서도 그런 험한 꼴을 다시 겪게 되었으니 참으로 답답한 팔자임을 어찌하랴! 버스정책과장, 고용안정과장, 체육진흥과장 재직기간까지 개인적으로 그리 녹녹하지 않은 시간들이었는데 그 이후 교통지도과로 부임하기 직전에 몸담았던 투자유치과장 자리를 외부개방직으로 전환시키는 불명예를 안게 되었으니 그 민망함을 어찌 다 표현할 수 있겠는가!

지난 4년 동안 그래도 행복했었다. 대부분의 윗분들은 말씀으로라도 교통지도과의 역할에 공감을 표시하면서 격려를 하시곤 하셨다. 특히 어떤 분께서는 주차단속 실적 증감과 같은 어찌 보면 작은 부분에 대해서도 깊이 관심을 보여주셨고 어떤 분께서는 임기 막바지에 주차단속체계를 어떻게 개선해야 할 것인지? 대안을 마련하도록 지시까지 했었던 기억이 있다.

모두들 주차단속에 있어서 서울시의 역할 강화에 방점을 두었다고 할 수 있다. 물론 교통지도과는 "사고만 안치면 되는 부서"라는 인식은 다들 공유하고 있는 듯싶었다. 그런 여건 하에서 나름 조직경쟁력도 끌어올리면서 단속체계도 고도화시켜 시민눈높이에 맞춰 시민으로부터 박수 받는 단속이 가능하도록 부단히 노력했었다.

스스로 단속조직(지역대)도 축소하고(6개 36명 ⇒ 4개 24명), 단속공무원 순환근무, 주차단속시간 탄력조정, 업무다변화 추진, 단속평가체계 개선 등 다양한 정책들로 인해 직원들이 피로해

하는 와중에도 지속적으로 강병을 육성하고 있었는데 그러한 조직을 스스로 축소시켜야 하는 일이 벌어지게 되었다.

어떻게든 서울시가 주차단속권한을 포기할 수 없음을 입증하기 위해 마지막 읍소 수단으로 올해('18.) 7월에는 『안전한 서울! 상습불법주차 집중단속계획』이라는 것을 마련하여 시행하였는데 주된 내용은 고질적인 상습 불법주차로 인해 시민들이 불편해하는 200여 개소의 주요 발렛파킹 장소 등에 대한 집중단속을 하겠다는 것이다. 이러한 조직적이고 고질적인 불법주차에 대해서는 자치구 차원에서는 통제가 거의 불가능하여 오로지 서울시에서만 가능한 사항으로 많은 언론에서 깊은 관심을 가지고 보도된 바 있었다.

그럼에도 불구하고 문재인 정부가 들어선 이후 지방분권을 주장하는 목소리가 커지면서 자치구청장이 보다 잘 할 수 있는 사업은 자치구로 넘겨주어서 실질적인 자치제가 실천되도록 해야 한다는 의견이 강조되면서 판세가 급변하게 되었다.

불법주차단속도 그 실정을 잘 아는 구청장이 해야 맞는다는 것이다. 그래서 주차단속권한을 모두 자치구청장에게 넘겨주는 것을 검토하게 되었다. 그 와중에 단속공무원들이 흔들리는 분위기가 느껴졌다.

당초 전체 단속공무원 중 200여명이 전직 공무원출신으로 조기에 사직할 것으로 예상되어 서울시 직할 단속조직의 축소 운영 등에 대해 비상한 관심을 가지면서 노심초사하게 되었다. 그러면서 이전부터 잠복해왔던 주차단속권한의 자치구로의 이관이 다시 급부상하게 된 것이다. 이왕 정상적인 단속조직 유지가 어렵다면 굳이 주차단속을 서울시가 고집할 필요가 없다는 논리였다. 지금까지 잘도 버텨왔는데, 이제는 극한 상황에 직면하게 된 것이었다.

거기에다가 설상가상으로 나를 더 이상 버틸 수 없도록 만들어버린 사연이 추가되었다.

다름 아니라 그동안 업무다변화 추진 등으로 자신했던 주차단속 품질이 과장이 신뢰한 만큼 그리 높게 나타나지 않았기 때문이다. 2016년부터 주말과 공휴일에는 CCTV가 장착된 차량으로 반자동단속 하는 것을 일체 금지시켰음에도 불구하고 다수의 단속공무원들이 계속 이전의 방식을 고집하였던 것으로 조사되었다.

차량부착형CCTV단속은 위반자에게 단속사실 고지까지 10일 이상이 소요되고 단속공무원들이 편하게 단속하는 수단으로 악용되어 불공정한 단속이 이루어지고 있어 주말과 공휴일만이라도 금지시켰던 것인데 마치 마약의 해로움을 알면서도 벗어나지 못하는 것처럼 단속공무원들이 그 달콤함을 버리지 못하고 계속 활용하였던 것이다.

같은 주차위반의 경우라 할지라도 위반정도가 중한 불법주차를 우선적으로 단속 하는 것이 주차단속행정에 대한 시민들의 신뢰도를 높일 수 있을 것이다. 그럼에도 불구하고 차량부착형

CCTV단속시스템은 치명적인 단점을 내포하고 있다.

단속공무원들이 편하게 차량을 타고 다니면서 CCTV를 조작하는 기계적 단속을 하다보면 어떤 경우에는 단속공무원들이 반드시 차에서 내려서 스마트폰을 활용한 스티커 발급단속을 하여야 함에도 그냥 지나쳐 버리는 도덕적 해이현상이 쉽게 발생하기 때문이다. 보도, 횡단보도, 교차로, 정류소, 소화전 주변에서의 불법주차라든지, 이열주차와 대각선주차, 번호판 가림 등은 차에서 내려서 스마트폰에 의한 스티커 발급 단속으로 전환하여야 하는데 그렇게 하지 않을 가능성이 높게 나타나는 것이다.

당초 2018년 8월부터는 평일에도 점심과 저녁시간대에는 CCTV가 장착된 차량을 이용하여 단속하는 것을 금지시키려고 하였다. 그러나 시스템적으로 특정 시간대만을 제한시키는 것은 불가능하다고 하여 부득이하게 평일, 주말(공휴일) 구분 없이 사용 금지시키는 것으로 대체하였다. 그래서 지금은 모든 단속을 스마트폰을 활용한 인력단속으로 전환시켜 버렸다. 서울시가 매년 40만 건 정도 주차단속을 하고 있는데 이중 20만 건이 차량장착형CCTV로 단속되는 것을 고려하면 앞으로 서울시의 단속 건 중 20만 건 이상이 감소될 것으로 추정하고 있다.

이런 단속공무원들의 도덕적 해이와 함께 외생적인 돌발변수 발생으로 인해 불가피하게 특단의 조치를 취하게 되었다. 물론 주차단속업무를 총괄하는 부서장으로서 최소한의 마음의 평안은 담보할 수 있었다. 그동안 시가 담당했던 단속권의 전부가 아닌 일부를 자치구에 넘기는 것으로 하였기 때문이다.

언제라도 상황이 변경되면 과거와 같은 수준으로 서울시의 단속권을 복원시킬 수 있을 것이라고 확신한다. 그래도 그동안 모든 직원이 한 마음으로 고생고생하면서 조직경쟁력과 단속체계고도화를 추진해온 노고를 인정받아 그래도 일부 단속권을 확보할 수 있게 되어 감사할 따름이다.(사실 주차단속권한을 일원화하는 것은 설문조사와 자치구와 협의를 거쳐 최종적으로 시장의 최종방침을 득해야 하는 사항임.)

서울시의 단속시간을 오전 10시부터 오후 8시까지로 축소(당초 07시부터 22시)하고 단속 장소도 6차로 이상 도로에 위치한 200개 상습 불법주차 발생지역으로 국한하는 것으로 하였다. 2단계에 걸쳐서 시행함으로써 혼란을 최소화하려고 노력하였다.

1. 1단계 : 서울시 불법주차 단속시간만 축소(2018.10.1.부터)

구분	변경 전	변경 후	비 고
평 일	07:00~22:00	10:00~20:00	단속구간은 변동 없음
주말,공휴일	10:00~18:00	12:00~18:00	

2. 2단계 : 서울시 불법주차 단속시간과 단속구간 축소(2018.12.1.부터)

구분	변경 전		변경 후	
	단속시간	단속구간	단속시간	단속구간
평 일	07시 ~22시	6차로 이상 도로	10시~20시	6차로 이상 도로 중 상습불법주차 발생장소
주말, 공휴일	10시 ~18시	6차로 이상 도로	12시~18시	〃

연도	2013	2014	2015	2016	2017	비고
건수	9,097	15,030	19,142	24,745	22,311	자치구별 1일 평균 2~3건 민원 증가 예상

  결과야 어찌됐든 서울시 단속범위를 축소시키고 단속공무원의 대거 조기사직에 따라 현장단속 조직을 축소(4개⇒3개)했다. 담당과장으로서는 조직을 더욱 크게 키워야 하는데 오히려 줄여버렸으니 참담한 마음으로 연말을 보내야했다.

  단속공무원들도 이제는 공휴일에도 근무해야 한다. 전에는 평일(평일조)과 주말·공휴일(주말조)을 구분해서 근무했다면 지금은 평일조와 주말조 구분이 사라져버려서 평일과 주말을 섞어서 근무해야 하기 때문에 많이들 불편해한다. 그래서 상대적으로 근무조건이 좋은 업무를 찾아 교통지도과를 떠나는 단속공무원들이 많아졌다. 너무나 가슴 아픈 일이다. 무척이나 공을 들여서 채용하고 훈련시켜서 엘리트 단속인력으로 육성시켜 놨는데……

12

직원들의 고생! 상응하는 보상을!

"음지에서 양지를 지향한다!!" 교통지도단속업무에 종사하는 모든 직원들은 이 구호가 의미하는 많은 것들을 이해하리라 믿는다.

대부분의 시민들은 우리를 칭찬해 주지 않는다. 단속의 필요성에 많은 시민들이 이해하고 공감은 하지만 왜 하필 내가 단속되어야 하는가? 단속당하는 분들의 목소리는 커지는 반면 단속으로 보호받는 다수의 시민들은 긍정적의미의 침묵으로 일관하고 있다.

우리 조직의 윗분들도 교통지도단속행위를 계륵(鷄肋)으로 취급하려는 경향을 엿볼 수 있을 것이다. 사회질서를 유지하는데 꼭 필요한 일이어서 안하자니 그렇고 하자니 또한 그렇고 해서 적극적인 관심을 두기가 쉽지 않은 것이다.

시나 자치구나 모두 비슷한 상황일 것이다. 물론 시가 조금 나은 편일 것이다. 자치구는 시가 단속한 건에 대해서도 과태료를 부과해야하는 관계로 단속당한 주민들로부터 거센 항의를 받기 일쑤여서 주차단속이든 택시불법행위단속이든 많이 단속하는 것을 그리 좋아하지 않는 상황이다.

일부 자치구에서는 사정이 다르지만 상당수의 자치구가 단속수요가 증가함에도 인력증원이나 단속 장비 보강 등에 관심이 적은 것 같다. 현재의 적은 단속인력으로 증가하는 단속행정 수요에 효과적으로 대응하기 위해서는 단속인력 충원 등의 대책 마련이 필요한데 현실은 복지 및 경제 분야에 재정 수요 급증에 따라 규제분야에 필요한 재원투입이 상대적으로 적어 그렇게 하지 못하고 있는 형편이다.

그런 어려운 여건 하에서도 교통질서 확립을 위해 수고하는 자치구 직원들의 애로에 대해 시에서라도 그들을 격려하고 위로해 주어야 한다는 판단 하에 그들이 하는 일이 하는 중요하다는 인식을 갖게끔 시·구공동협력사업 평가지표에 주차단속분야를 포함시켰으며 매년 1회씩 시·구관계공무원 공동연수(워크숍)를 속초 등지에서 실시하고 있다. 그 외 수시로 시와 자치구 관계공무원들이 만나 업무 소통회의를 갖고 있다.

지난 4년 동안 우리가 하는 일들에 대해 각종 일간지나 방송매체를 통해 활발하게 보도된 바 있다. 우리가 하는 일들은 시민의 삶과 직결되기 때문에 보도자료를 내기만 하면 언론에서 받아 기사화하였다. 시민들에게 규제내용을 알려주는 의미도 있었지만 우리가 하는 일이 얼마나 중요한지를 언론보도 등을 통해 시청이나 구청 공무원(단속공무원)들이 충분히 이해할 수 있게끔 하고자 하는 의미도 있었다.

또한 교통지도단속 업무 개선과정에서 숨겨진 재능을 찾아내서 과감히 표출하는 용기 있는 직원들이 나타났다. 주차단속관련 법령 정보, 매뉴얼을 만들어서 자차구단속공무원들을 대상으로 순회교육을 실시하는 실력 있는 직원도 있었으며 두 명의 직원이 사업용 차량 불법행위 단속 전문관으로 선정되었는데 체계적인 계획서나 보고서들을 계속적으로 만들어내었다. 단속 매뉴얼도 만들고 전문 강사 수준 이상의 훌륭한 강의를 할 수 있는 직원들이 많이 나타나 교통지도분야의 미래가 밝음을 입증해주고 있다.

"속이 시원하였다." 2018년도 상반기 근무평정회의에 참여했을 때에 이렇게 읍소하였다. "지난 4년 동안 노심초사하면서 한 부서를 이끌어왔고 그 과정에 혀가 어눌해지고 꼬이는 어려움도 겪었습니다. 교통지도과 직원(여기서는 6급)이 "수"를 받을 수 있도록 배려하여 주시면 감사하겠습니다."

참으로 지긋지긋하였다. 매번 본부 근무평정회의에 참석할 때마다 "희망을 주세요.", "배려해 달라.", "조직이 망가진다." 등 별의별 아쉬운 소리를 하면서 부탁을 드려왔다. 2018년도 상반기 근평회의에서 "이번 근평회의가 마지막이다."라는 간절한 마음으로 마지막 읍소를 한 것인데 역시나 이번에도 6급 근평 논의에서 우리 부서 서무주임은 "수"가 아닌 "우"를 받게 되었다.

그러다가 마침내 2018년도 하반기 근무평정회의에서는 마침내 교통지도과에도 6급 서무주임이 "수"를 받게 되었는데 어찌나 기뻤는지… 아무도 모를 것이다. 물론 그동안 아무도 해내지 못한 일들을 해 내서 "수"를 받을 만하기는 했지만 서무주임으로서 얼마나 많은 일들을 했는지! 손가락으로 다 헤아릴 수 없을 정도다.

이제야 부서장으로서 얼굴을 들 수 있게 된 것이다. 최근 북미영수회담 등에서 북한이 "정상국가"로 보이기 위해 많은 노력을 하고 있다고들 하는데 교통지도과가 오랜 세월동안의 노력으로 이제야 "정상부서"로 거듭났기 때문이다.

다른 부서들과 달리 윗분들의 지대한 관심과 시민들로부터의 격려와 칭찬은 받지 못하지만 시민과의 접점에서 규제를 통한 교통질서확립과 운송서비스 수준 향상이라는 명확한 목표의식과 이를 달성하려는 의지와 열정을 가진 전문관, 주무관, 수많은 단속공무원들이 있었기에 그래도 좌절과 분노를 겪으면서도 버텨낼 수 있었다고 생각한다. 참으로 고마운 일이다.

천여 명이나 되는 거대조직을 이끌면서 큰 사고 없이 지난 4년의 임기를 마칠 수 있어 너무 행복하고 감사한 마음뿐이다.

이 자리를 빌려 교통지도과 직원 분들의 멋진 비상을 기원해 본다. 추운 겨울과 무더운 여름에 밤낮을 불문하고 도로에서 또는 사무실에서 시민의 안전을 위해 심한 육두문자 욕설을 들어가면서도 꿋꿋이 가야할 길을 가는 여러분이 진정한 주인공이다.

13

마무리하면서 - 변명&감사!

　너무 오래 근무했다. 어르신들이 하시는 말씀이 새롭다. "오래 살다보니 못 볼 것을 많이 본다."는 이 말이 나의 폐부에 깊이 박혔다. 지난 4년간 단속조직으로서 강한 조직, 유능한 병사들을 만든다는 심정으로 낮으로 밤으로 단속공무원들과 함께 단속현장을 누비면서 단속체계 고도화, 조직 경쟁력 제고 등을 위해 무엇을 어떻게 해야 하는지에 대해 고민하고 단속매뉴얼 등을 업그레이드 하였다.

　처음 발령 받은 지 얼마 안 지났을 때 단속공무원들께서 근무여건 개선과 관련하여 건의한 내용들이 지금도 생생하다. 그 중지금도 가장 생생한 것이 "단속공무원들이 매월 얼마씩 갹출하여 물과 커피 등 음료를 구매하여 마시고 있는 현실을 개선하여달라."는 건의사항이었는데, 교통지도과 최우선 당면현안으로 하여 전 직원들이 합심하여 2년여의 시간이 걸려 해결할 수 있었다. 물은 상수도사업본부의 협조를 받아 아리수 음수대를 설치하여 해결하였고, 커피 등의 음료 무료제공은 예산담당부서의 협조를 얻어내서 교통지도과 부서운영경비를 대폭 증액하여 해결할 수 있었다.

매년 12월에는 연말 승차거부 집중단속을 진행하고 있는데 추운겨울 심야에 차가운 도로에서 혹한과 싸워가면서 단속하는 분들에게 뜨거운 음료와 빵을 간식으로 드릴 수 있게 되어 너무나도 행복하였다. 사실 말이 안 되는 일이 아닌가? 힘든 단속업무를 시키면서 물과 커피 등 음료를 자기 돈 내고 사먹으라고 하는 것은… 주위의 많은 분들의 도움과 직원분들의 헌신의 노력으로 조금씩 근무여건이 개선되었으며 이를 통해 단속체계고도화도 역점적으로 추진 할 수 있었다.

아직도 갈 길은 멀지만 그래도 단속공무원들은 업무다변화 등을 조금씩 이해하기 시작했으며 "강하게 단속할 때는 강하게 단속, 약하게 단속할 때는 약하게 단속" 등 쉽지만 어려운 단속전략을 현장에서 시민 눈높이에 맞추기 위한 노력을 시작하고 있다. 불법주차 단속요청 민원을 효율적으로 처리하기 위한 관제시스템 구축, 주차단속시스템 시·구 통합사용을 위한 성능개선 등도 함께 진행하고 있다.

마지막으로 부족한 내가 4년 동안 교통지도과장으로 일할 수 있도록 마음을 써준 직원 분들에게 감사드린다. 나는 두 가지면에서 서울시 역사에 전무후무한 기록을 세웠다. 첫째는 교통지도과장을 만 4년간 재직한 것이고 둘째는 숨기고 싶은 과거지만 주무팀장을 비롯해서 팀원 7명 모두가 한 날 한 시에 모두 다른 부서로 떠나버린 사건이다. 지금 생각하면 아무리 나의 의도가 좋았더라고 해도 한 팀의 모든 직원이 떠나버린 사건을 어떻게 설명할 수 있겠는가?

나는 그때 모든 것을 잃은 것이나 마찬가지라고 생각한다. 그 외에 얼마나 많은 사람들이 정들었던 조직을 눈물을 머금고 떠났었는가를 생각하면 마음이 너무 아프다. 그 당시에야 나도 조직경쟁력 제고나 단속체계고도화 등을 위해 불가피했다고 핑계를 댈 수는 있겠지만 지금 와서 생각해보면 너무나 부질없는 것이라는 생각이 든다.

내가 무슨 악습과 잘못된 관행과 전투를 벌이는 전사라도 된 듯이⋯ 참으로 가슴 아픈 일이다. 지금 교통지도과를 떠나면서 나의 행위로 인해 마음에 상처를 입은 분들에게 깊이 머리 숙여 양해를 구하고자 한다. 같이 일하는 직원들도 행복하게 하면서 조직경쟁력도 높이고 단속체계도 고도화해서 두 마리 토끼를 다 잡았어야 했는데 그렇지 못한 것이 천추의 한으로 남게 되었다.

서울시가 얼마나 무서운 조직인가! 서울시에서는 한 사람 건너면 모르는 사람이 없다고 한다. 그만큼 거대조직이지만 다소 폐쇄적인 조직에서 수십 명의 직원들에게 아픈 상처를 남겨주었으니 업무개선이라는 미명하에 이루어진 나의 악행이 어떤 모습으로 서울시 조직에 투영되었을 지는 불문가지일 것이다.

그래도 지난 4년을 한 마음으로 일했다는 것은 알아주었으면 한다. 내가 교통지도과를 발판삼아 부귀영화를 꿈꿨던 적은 없었다! 나는 그 다짐을 계속 새기면서 지냈다. 그럴 것이었으면 조용히 1년쯤 직원들과 사이좋게 지내다가 다른 부서로 옮겼으면 될 일이었다. 매년 정기적으로 업무추진실적을 공개할 때에도 교통지도과 해당 업무실적은 매우 형식적으로 몇 줄 되지 않는 내용으로 짧게 제출하였었는데 이 역시 그러한 다짐을 지키려고 했던 작은 몸짓이었음을 알아주었으면 한다.

마지막으로 험난한 길을 함께 걸어준 교통지도과 팀장님, 주무관님들에게 다시 한 번 감사드리며 앞날에 밝은 미래가 함께하기를 간절히 기원한다. 여러분들을 그러한 자격이 충분하기 때문이다! 특히 모진 풍파를 전면에서 맞으면서 교통지도과가 앞으로 나가게끔 해준 박명주 주무관, 임장호 전문관, 한경희 주무관께 진심어린 감사를 드린다.

〈 교통지도단속업무 비전체계 〉

비전	안전하고 배려 넘치는 거리 조성
목표	주차질서 개선 / 운송질서 개선
추진 과제	단속인력 경쟁력 제고 / 단속 체계 고도화 / 시민 신고 활성화 / 협업 체계 개선 / 사후 관리 개선
추진 전략	준법질서 제고를 위한 시민홍보 강화 / 선택과 집중: 집중단속 VS 탄력 단속 / 제도개선(연구용역), 전산 고도화 추진

〈교통지도단속조직 운영현황〉

※ 조직/인력 - 2018. 7. 31. 현재

교통지도과 (행4급)
- 교통지도행정팀 (행5급)
- 주차질서개선팀 (행5급)
  - 동북지역대 (6급)
  - 동남지역대 (6급)
  - 서북지역대 (5급)
  - 서남지역대 (6급)
- 운수지도1팀 (행5급)
- 운수지도2팀 (5급)
- 교통신고조사팀 (행5급)
- 전용차로과징팀 (행5급)

(관할구역 : 25개 자치구)
◆ 동북(8개구) : 성북, 강북, 도봉, 노원, 성동, 광진, 동대문, 중랑.
◆ 동남(4개구) : 강남, 송파, 강동, 서초.
◆ 서북(6개구) : 중구, 용산, 서대문, 마포, 은평, 종로.
◆ 서남(7개구) : 강서, 양천, 영등포, 구로, 관악, 금천, 동작.

※ 단속공무원 운용현황 : 330명(20시간 273명, 30시간 35명, 35시간 22명)
⇒ 시간선택제임기제공무원 '마'급(일반경력직)

업 무 분 야	단속인력(명)/근무시간	실적(1인/년간)
①불법 주·정차 단속	1일 8시간(주2-3일) - 169명 1일 6시간(주5일) - 34명	2,979천건
②택시 승차거부단속	1일 6시간(주2-3일) - 41명 1일 6시간(주4-5일) - 23명	245건
③명의이용금지 수사	1일 7시간(주5일) - 5명 1일 8시간(주2-3일) - 1명	9건 (가소:5건, 진행중:4건)
④시민신고 과태료 부과	1일 7시간(주5일) - 1명 1일 8시간(주2-3일) - 2명	23,170건 ('17.11월~'18.6.30.)
⑤사업용차량위법행위 심층조사	1일 7시간(주5일) - 6명 1일 6시간(주5일) - 1명	287건
⑥통학버스 불법운행 조사	1일 8시간(주2-3일) - 3명	127건
⑦외국인관광객택시 불편 단속	1일 6시간(주2-3일) - 13명	11건
⑧자전거교통순찰대	1일 5시간(주4일) - 11명	1,133건
⑨교통불편신고 심층 조사	1일 7시간(주5일) - 9명	31,154천건
⑩전용차로위반 단속(과징)	1일 7시간(주5일) - 1명 1일 8시간(주2-3일) - 7명	대사:293,900건 영치:382건

반성 그리고 도전

이 기록을 남기고자 하는 당초의 의도는 나의 두 아들에게 아빠의 인생이 실패한 인생이 아니라는 것을 보여주기 위함이었다. 또한 서울시청과 25개 자치구에서 2천여명이나 되는 인력들이 수행하고 있는 교통지도 업무가 시민의 안전을 위해 혁신 중에 있음을 알려드리고 싶은 마음이 간절하였다. 현장에서 마주치는 단속공무원에 대해 따뜻한 마음을 가져 주었으면 하는 바람이다. 마음의 벽을 허물고 그들의 고충을 한번 들어주기를 희망해본다.

교통지도업무가 세속적 시각으로 보면 그리 영광스러운 일이 아니어서 다수의 사람들이 그 진가를 알아주지는 않고 있지만 4년 동안이나 몸담았던 내 입장에서 보면 시민생활에 중요한 영향을 끼치는 가치있는 일이라고 평가하고 있다.

그래도 내가 살아온 나날들을 돌이켜보면서 미래를 바라보고 싶은 생각이 간절하였다. 지난 날 마치 공익수호자인양 법이 부여한 권한을 마구잡이로 휘둘러 댐으로서 나 자신은 순간순간 행복하고 당당했지만 그 반면에 망가져버린 나의 과거와 그로 인한 오늘날의 안타까운 나의 모습(다른 이들이 볼 때)이 잉태되었던 것이다. 과거와 현재의 나의 모습과는 전혀 다른 나의 미래를 위해서는 어떻게 살아야 하는가? 이 글은 한편으로는 나의 미래를 위한 과거에 대한 반성과 도전이었다.

한편으로는 괜찮은 인생이었음을 증명하고 보여주고 싶은 마음도 있었다는 것을 고백한다. 그리고 반성한다. 이 글은 나에 대한 경고이자 가슴을 후려치는 차가운 겨울날의 찬바람과 같이 내가 잘못된 길로 들어섰을 때 나의 어리석음을 일깨워줄 것이다. 오늘 나의 모습은 과거의 나를 보여주는 거울이다. 그럼 미래의 나의 모습은 오늘을 살아가는 나를 보면 알 수 있지 않을까!

참으로 답답한 삶이었다. 지난 십 수 년의 서울시 과장으로서의 삶은 부끄럽지 않았으나 세속적으로 보는 나에 대한 평가(모습)는 어떨까? "고집불통"이 한 단어로 집결되었다.

서울시라는 거대 조직에서 홀로 외롭게 살아왔던 것 같다. 지금도 생각난다. "건설적 갈등을 조성하겠다.", "앞으로 3년간은 많은 시행착오를 일부러라도 할 것이다." 이 말들은 1994년 서울시 강동구에서 처음 민방위과장으로 공무원 생활을 시작했었을 때 내가 직원분들에게 부임 일성으로 했던 말이었다. 그 뒤에도 그 말은 새로이 맡은 다른 부서에서도 계속 반복적으로 되풀이되었다. 말 뿐이 아니라 그 말에 걸 맞는 행위들을 지금까지도 계속 해왔으니…….

지금 그 당시를 생각하면 모골이 송연해진다. 참으로 어렸었다는 생각이 든다. 그 당시만 해도 내 나이가 삼십이 되지 않은 시기여서 내가 맡은 부서에서 나보다 나이가 적은 직원들이 한둘 밖에 없는 상황에서 그런 말들을 해댔으니, 그리고 말뿐이 아닌 참으로 많은 건설적 갈등을 조성해댔으니… 그 시절에 업무혁신을 위해 잘못된 업무관행에 대해 '양심선언'까지도 생각했던 적이 있었으니 오죽했었겠는가?

과장을 올해로 12년을 꽉 채우고 13년째를 맞이하고 있다. 지난날을 돌아보면 싸움꾼과도 같은 시간들을 보냈구나하는 생각이 든다. 그냥 직장인으로 살았어야 했는데 싸움꾼으로 살았으니 후회막급이다. 아니 때론 직장인과 싸움꾼 두 가지 삶을 조화하면서 살았어야 했는데 그렇지 못해 아쉽기 그지없다.

숱한 싸움을 통해 나는 많은 상처를 입고 쓰러지기도 하였다. 계란으로 바위치기와도 같은 싸움이 많았었는데 어찌 보면 싸움에서 질 것이라는 생각을 하면서도 어거지로 싸움을 했었던 것 같다. 그로인해 얻은 것은 "고집불통"과 같은 나를 대변해주는 단어, 그리고 지금의 나의 모습 – 바람처럼 구름처럼 부유하는 일상 – 일 것이다.

싸움에서 이기는 것도 좋지만 져보는 것도 의미 있다. 어차피 질 싸움이라면 피하지 말고 싸워서 장렬하게 쓰러지는 것도 사나이답지 않을까 싶다. 공직자는 공익수호자여야 한다. 물론 직장인이기도 하다. 두 가지의 지위를 현묘하게 병행할 수만 있다면 성공한 인생일 것이다.

나의 인생이 꼬이는 데는 내 이름도 한 몫을 하였다고 생각해서 이름을 바꾸려고도 했던 적이 있었다. 정선(正宣). 이름한번 좋다. "바르게 베푼다." 뜻은 좋지만 무엇이든 "바르게" 한다는 것은 쉽지 않는 일이다. 인생이 피곤해진다. 그래서 이름은 그대로 두고 한자(漢字)만 다른 것으로 해도 미래가 잘 풀릴 것이라는 얘기를 듣고 그렇게 할 준비를 다 했었던 때도 있었다. 정선(廷宣)으로… 그렇지만 한자만 바꾸더라도 인감에서부터 주민등록등본 등을 다 바꿔야 하는 등 번거롭기도 하고 오랜 세월동안 함께 했던 '나'의 정체성을 부정해 버리는 꼴이 되기 때문에 '개명'하고자 했던 생각을 접게 되었다. 지금도 가끔은 생각나기도 한다.

여하튼 이름 탓만은 아니겠지만 나는 한정된 공적재원을 힘깨나 쓴다고 생각하는 사람들이 마치 공돈처럼 생각하고 먼저 먹는 놈이 임자라는 식으로 덤벼드는 일들을 용납하고 싶지 않았던 것 같다. 그래서 원천적으로 그런 행위들이 자행되지 않도록 공식화 내지 시스템화하는 것에 대해 많은 고민을 하였고 때론 갈등하기도 하였다. 지금 생각해보면 나만의 편협한 개똥철학에 근거해서 무모하게 맞섰던 것이 아닌가 싶은 생각을 해보게 된다.

그리고 무엇보다 농부의 아들로 태어나서 거대도시 서울시의 과장노릇을 하고 있다는 것도 대단한 일이 아니겠는가! "농부의 아들"이 사실 좋은 의미도 있지만 내 일생의 사고의 틀을 편협하게 하는 작용을 하였다고 보고 있다. 보고 배운 것이 어렵게 생활하는 농부들의 힘겨운 삶의 방식이요, 폐쇄적인 농촌지역의 목가적(전원적) 삶의 방식이며, 자식들 교육시키느라고 논밭에서 밤낮으로 일하느라 휘어버린 허리와 등을 가진 부모님의 모습을 보면서 부지불식간에 형성된 가치관과 자아의 형성!

그래서 가끔은 서울에서 생활하면서 부족할 것이 없이 살고 있는 두 아들을 보면서 내가 만약 어렸을 때 이런 혜택을 누렸다면 나의 지금의 모습은 지금과는 전혀 다르지 않을까? 하는 생각을 해보기도 하는데 '농부의 아들'이 타이틀은 분명 나에게는 축복이면서도 한편으로는 나의 굳어진 사고의 틀을 휘감고 있는 안타까움이기도 하다. 나의 두 아들은 농부인 할아버지, 공무원인 아빠를 기반으로 해서 더욱 깊이 있고 융통성 있는 사고체계를 형성하여 더 넓은 세상에서 마음껏 자신의 역량을 발휘하면서 멋진 인생을 살았으면 좋겠다. 내가 참람하게도 "행정(行政)=행정(行正)"이라는 생각을 주위 분들에게도 가끔 언급하기도 했었는데 나의 아이들은 아빠의 이 같은 좁은 생각들은 본받지 않았으면 하는 바람을 가져본다.

그동안 나와 함께했던 많은 직원들이 잘 된 경우도 있지만 또한 나의 개똥철학 같은 굳어진 관념들로 인해 마음의 상처를 받고 내 곁을 떠난 분들도 많이 계신다. 그로 인해 워스트 5 부서장에 들기도 하였고 지금과 같은 궁색한 모습으로 살아가고 있는 것이다. 또한 많은 관련협회(단체)에서 일하셨던 분들이 나에게 등을 돌리기도 하고 반격을 가하여 본의아니게 바람처럼 구름처럼 구청으로 위원회로 떠돌기도 하였다. 그러나 그 또한 나에게는 의미 있는 삶이었다. 마포구청에서의 1년여 간의 국장생활은 나의 일생에 있어 한 차원의 깊이를 더해 줬던 의미있는 시간이었으며 역시나 1년여 간의 수도권광역경제발전위원회 근무경험 역시 나의 인생을 반추할 수 있었던 소중한 시간들이었다.

워스트(worst) 5의 불명예를 딛고…

서울시 교통지도과장으로 일하면서 여러 가지 이유로 최악의 불명예를 겪어야 하는 아픔을 겪기도 하였으나 꿋꿋이 버텨냈다. 지난 4년 동안 스트레스를 이겨낼 수 있었던 것은 나이어린 둘째 아들 시준이가 항상 곁에 있어 주었기에 가능했다고 생각한다. 내가 살아가는 이유는 가족이었다. 지금까지 정신과 육체적으로 건강함을 유지할 수 있었던 것은 나의 도움이 필요한 범준이와 시준이가 곁에 있어주었기 때문이었다. 과장 보직 12년째의 만년과장으로서 희망의 끈을 놓을 수는 없었다.

많이 두려웠다! 지금 와서 생각해보는 것이지만 만약 지난 4년 동안 무위도식했다면 외부에서 나에 대한 평가도 형편없을 것인데, 내 스스로 아무런 한 일이 없이 그저 직원들과 팀장들이 하자는 대로 하면서 조용히 머무르는 생각으로 그럭저럭 시간이나 보냈다면 지금 와서 얼마나 비참했을까? 그런 생각만 하더라도 목덜미가 뻐근해지면서 현기증이 날 정도다.

남들은 교통지도과는 "그저 사고만 치지 않으면 되는 부서" 이런 정도로 하등부서 취급하고 있는 상황에서 4년간이나 교통지도과를 이끈 나에 대한 평가는 어떠했겠는가? 묻지 않아도 뻔한 것이다. 그래도 자신 스스로를 하찮은 사람으로 평가하지 않으면서 시민들에게 의미 있는 일을 했다고 자위하면서 다음 후임자에게 물려준다면 그나마 반쪽은 성공한 것이라는 생각이 든다. 천만 다행이다.

지금 와서 생각해보면 '워스트 5'에 선정된 것도 하나의 훈장이라는 생각을 할 수 있는데 자랑스럽다는 생각이 들기도 한다. 내가 다른 직원들을 들볶아서 일신상의 영달을 꿈꿨다면 워스트 5 선정은 분명 불명예스러운 일이었겠지만 지극히 단순한 생각, 과장으로서 밥값을 하려고 하는, 더 나아가 불필요한 단속을 최소화하고 꼭 필요한 단속만 하여 그동안 관행적으로 이루어진 불공정한 단속행정을 공정하고 시민눈높이에 맞추려는 것이었기 때문이다. 지금까지의 관행들을 개선하려면 말로만 가능한 게 아니다. 그것을 문서화할 줄 알아야 하는데 그런 과정에 과장이 직원들에게 보다 현명하게 소통하여야 함에도 아름답지 못한 모습을 표출함으로서 나타날 수밖에 없었던 불가피한 상황이었다고 본다면 그 또한 내가 안고 가야할 운명이 아니었겠는가 싶다.

지난 4년간 얼마나 많은 분들이 나로 인해 불편함을 가슴에 묻고 살아왔을까? 생각하니 오늘날의 나의 처지가 절로 이해된다. 그러나 지난 4년 동안 일어났던 일들을 생각해보면 흐뭇한 기억들이 많이 생각난다.

단속공무원 전체 집합교육을 처음으로 시작할 때 "왜 이런 교육을 하느냐"는 웅성거림부터 교육 끝나고 한 끼 식사에 필요한 돈을 마련하려고 동분서주하던 일부터 지역대 단속공무원들이 각자 얼마씩 출연해 생수를 사먹던 것을 많은 직원들의 오랜 노력 끝에 아리수 음수대를 설치하여 교통지도과 오랜 숙원사업을 해소하였던 일⋯⋯.

이전의 어두운 색깔의 단속공무원 제복에 가려 스스로 움추려 들었던 단속공무원들의 자긍심과 명예를 드높이게끔 전문가들로 구성된 "근무복디자인 위원회"를 구성하여 새로운 근무복을 산뜻하게 디자인하였던 일들이 그렇다.

4년이 거의 다 된 지금 내가 걱정하는 것은 과거로의 회귀이다. 단속공무원들은 어려운 단속보다는 쉬운 단속을 원한다. 제대로 된 단속은 어렵다. 생각도 많이 해야 하고 많이 알아야 하며 열정과 나름의 소명의식도 필요하다. 무엇보다 단속현장에서는 항상 예기치 않은 갈등상황이 발생할 수 있기 때문에 항상 준비되어 있어야 한다. 단속하면서도 거세게 항의하는 시민을 향해 논리적으로 설명해야 해서 시간도 많이 필요하다.

그러나 쉬운 단속은 반대다. 법대로 편의적으로 하면 된다. 내가 단속공무원이라고 가정해도 나도 쉬운 단속을 고집할 것 같다.

과거 차량주행형 CCTV차량으로 1대가 하루에 100건에서 200건 정도의 불법주차 차량을 단속했던 전설과도 같은 이야기가 더 이상 미래에는 반복되어서는 안 될 것이다.

교통지도단속도 과거를 되돌아보고 현재를 살피면서 미래를 준비해야 할 것이다.

나의 삶에 대한 후회는 없다. 인생이라는 것이 "선택"의 연속이 아닌가! 나는 나의 길을 선택한 것이다. 그러나 아쉬움은 많다. 좀 더 융통성을 갖고 나를 둘러싸고 있는 환경들과 보다 더 소통하면서 나의 비전을 펼쳤으면 하는, 공익수호자라는 공직자의 지위와 밥벌이하는 직장인으로서의 지위를 보다 조화롭게 병행하는 삶을 살았으면 하는 아쉬움들이 나의 가슴을 후려치고 있다.

이 글이 앞으로 나의 미래를 인도하는 메신저의 역할을 하였으면 하는 바람이다.